EMPRENDE
EN POSITIVO

NATALIA DE SANTIAGO

EMPRENDE EN POSITIVO

TODO LO QUE NECESITAS SABER PARA GANAR DINERO CON TU NEGOCIO

Planeta

Av. Diagonal, 662-664, 08034 Barcelona
www.editorialplaneta.es
www.planetadelibros.com

Ilustraciones de interior: © Shutterstock
Diseño del interior: © Mauricio Restrepo
Iconografía: Grupo Planeta

Primera edición: septiembre de 2024
Depósito legal: B. 13.257-2024
ISBN: 978-84-08-28236-5
Preimpresión: Realización Planeta
Impresión: Egedsa
Printed in Spain – Impreso en España

PEFC Certificado
Este libro procede de bosques gestionados de forma sostenible
PEFC
PEFC/14-38-00305
www.pefc.es

Para Guido, por animarme siempre,
hasta en las empresas más inciertas.

ÍNDICE

No todo lo que puede contarse cuenta,
ni todo lo que cuenta puede contarse.

WILLIAM BRUCE CAMERON

INTRODUCCIÓN
EL DIRECTOR FINANCIERO QUE LLEVAS DENTRO

Empecemos por el principio: eso que dicen de «monta tu propio negocio para hacer lo que te gusta» es, por decirlo suavemente, mentira.

Es más, puestos a buscarse un mantra, yo me inclinaría por «monta tu propio negocio y prepárate para hacer mil cosas que no solo no te gustan, sino que, además, no se te dan bien».

Es cierto que, a medida que tu negocio vaya creciendo y asentándose, probablemente puedas ir subcontratando o delegando muchas de estas tareas tan ingratas, pero la cruda realidad es que, para la mayoría de los emprendedores, empezar a trabajar por cuenta propia se parece muchísimo más a convertirse en hombre —o mujer— orquesta que a pasarse las horas inmersos en su pasión, dando rienda suelta a su creatividad.

Que sí, que en la vida del emprendedor hay muchos momentos muy bonitos y muy de «frase inspiradora de Instagram», pero también hay muchas peregrinaciones a la ventanilla de la Seguridad Social, infinidad de notificaciones aterradoras de Hacienda y demasiadas conversaciones infructuosas con el señor del banco.

Y es que, de todas las tareas para las que no solemos estar preparados cuando nos lanzamos a emprender, la parte de los números, la de las finanzas, es la que suele traer más quebraderos de cabeza.

El problema es que, por mucho que nos dé urticaria y por muy poco que sepamos del tema, es un área de la que no nos podemos zafar ni queriendo. A los números me remito.

No es por ser agorera, pero los datos no mienten: **ocho de cada diez negocios fracasan en los primeros cinco años.** Y de estos ocho, por los menos siete se van al garete porque no les salen las cuentas.

En otras palabras, hay negocios exitosos con productos mediocres y empresas muy rentables que no son, ni de lejos, las mejores en lo suyo. Como también hay proyectos maravillosos con productos y servicios inmejorables que quiebran, simple y llanamente, porque se quedan sin dinero. Lo que no hay son empresas que sobrevivan a medio o largo plazo si los números no cuadran.

No hay tu tía, queramos o no, nos tenemos que ocupar de las finanzas de nuestra empresa.

Pero, tranquilidad en la sala, esto no quiere decir que nos tengamos que convertir en contables de corbata gris. Si hay un gremio que ofrece sus servicios a precios más que competitivos es el de las gestorías. Una cosa son los números y las cuentas que estamos obligados a hacer por ley —y que, sin duda, compensa subcontratar o delegar en cuanto se pueda—, y otra muy distinta los números y las cuentas que deberíamos hacer porque nos van a ayudar a gestionar mejor nuestro negocio, con especial énfasis en «ayudar».

Por mucho que parezca que las finanzas son un invento del mismísimo Satanás, cuyo único objetivo es amargarnos la existencia, la realidad es que son una herramienta muy útil para sufrir menos y vivir mejor. Aunque suenen a chino mandarín, los números están para ayudarnos a conseguir nuestros objetivos con menos sudor y muchas menos lágrimas, y para que seamos una de esas dos empresas de cada diez que no solo sobreviven, sino que dan beneficios contantes y sonantes.

Y para eso precisamente estamos aquí, para entender mejor la parte financiera de nuestro negocio y saber qué cuentas tenemos que hacer —que ya adelanto que no son tantas—, qué números son importantes y cómo tenemos que interpretarlos para que nos ayuden a tomar mejores decisiones y, cómo no, a ganar más dinero.

Además, estamos de enhorabuena, porque las buenas noticias no acaban aquí. Aunque admito que el plan general contable tiene más vericuetos que los jeroglíficos de la tumba de Tutankamón, esto de las finanzas es muchísimo más fácil de lo que parece.

Para leer este libro y llevar tu negocio al siguiente nivel, no hace falta tener ningún conocimiento previo ni hacer ninguna inversión millonaria en *software;* con la calculadora del móvil da de sobra. Es más, si hago bien mi trabajo, cuando llegues a la última página tendrás la sensación de que todo es de cajón de madera de pino y te preguntarás por qué demonios no lo habías puesto en práctica antes, con lo fácil que es y la cantidad de disgustos que te vas a ahorrar. Prometido.

Resumiendo, este libro puede ayudarte y, quizá, hasta salvarte la vida si…

- Tienes un negocio propio y quieres gestionarlo mejor para ganar más dinero.
- Eres autónomo y estás harto de sufrir.
- Trabajas por cuenta ajena, pero algún día te gustaría montar tu propio chiringuito.
- Ya tienes un negocio, pero todavía no te han llovido los millones.
- Buscas un inversor para tu empresa o fantaseas con venderla algún día.

- Tienes espíritu emprendedor y sueñas con fundar una *start-up* de esas que se convierten en unicornios multimillonarios.
- Te gustaría invertir en una empresa o en una *start-up* sin arruinarte por el camino.
- Quieres invertir en bolsa, pero no sabes ni por dónde coger un balance.
- Te interesa saber más sobre las finanzas de una empresa, porque, total, en Netflix nunca ponen nada.
- Trabajas en finanzas y sabes mucho del tema, pero quieres comunicarte mejor con los «no financieros».
- Todavía estás estudiando y no sabes a qué te quieres dedicar, pero no te quieres cerrar ninguna puerta.
- Eres un ser humano de los que creen a pies juntillas que el saber no ocupa lugar.

«*LIVING* LA VIDA *FREELANCE*»: TRAGEDIA EN CINCO ACTOS

Si estás leyendo este libro, probablemente quieres dar o ya has dado ese pequeño gran paso que va de la seguridad de trabajar por cuenta ajena y que alguien te ingrese la nómina todos los meses al frenesí vital y laboral que es trabajar por cuenta propia.

Intuitivamente, todos sabemos cuál es el abismo que separa estas dos formas de vida, pero antes de meternos de lleno en los números, merece la pena pararse un momento a pensar en las implicaciones —y los sinvivires— con más calma.

Desde que se caiga la web del banco el día que tienes que pagar el IVA hasta los sudores fríos que te van a entrar con la sola mención de la palabra *regularización*, por no hablar de «la que no debe ser nombrada» (una pista: empieza por *ins-* y acaba por *-pección*), pasando por la pesadilla recurrente de que no te cuadren los datos de facturación con los de Hacienda, si no tienes claro lo que estás haciendo, trabajar por cuenta propia puede ser una experiencia mucho más aterradora que religiosa.

Cojamos este toro por los cuernos pues.

DIME QUÉ VENDES Y TE DIRÉ PARA QUIÉN TRABAJAS

Parece obvio, pero cuando trabajamos por cuenta ajena, lo que hacemos es aportar nuestro trabajo a un tercero a cambio de dinero.

Eso significa que lo que vendemos no es ni un producto ni un servicio, sino puramente el sudor de nuestra frente, que se juntará con el trabajo de otras personas y con otros recursos y materiales para producir bienes o servicios que al trabajador le son, por utilizar los palabros de la Administración Pública, ajenos.

Con esto de que los resultados de tu trabajo te son ajenos me refiero a que, si trabajas en una fábrica de camisetas, una vez que estén listas para mandar a la tienda, las camisetas en cuestión no son tuyas, por lo que no te beneficiarás de los ingresos que se generen con su venta. Tú vas a cobrar por tu trabajo, independientemente de que las camisetas salgan mejor o peor o de que se vendan o no.

Cuando trabajas por cuenta propia, en cambio, lo que vendes son servicios o productos, y tus clientes te pagarán por ellos independientemente de las horas y del trabajo que te hayan costado a ti, porque te están pagando por el valor que les aportan a ellos estos servicios o productos que les estás vendiendo.

GRÁBATELO A FUEGO

Cuando eres autónomo o empresario, lo que vendes (aunque cobres por hora) es valor, no trabajo.

De hecho, la definición del Instituto Nacional de Estadística (INE) de *actividad económica* es precisamente «la generación de valor añadido mediante la producción de bienes y servicios». Es decir, cuando trabajas por cuenta propia, esta generación de valor añadido la realizas tú (o tu negocio), mientras que, cuando trabajas para otro, el valor lo genera la empresa que te ha contratado.

Esto que parece tan abstracto es, ni más ni menos, la razón por la que **la nómina de un trabajador por cuenta ajena no lleva IVA** (recordemos que el IVA es, precisamente, el impuesto sobre el valor añadido), **mientras que la factura de un autónomo, salvo algunas excepciones, sí lo lleva.**

Volviendo al ejemplo de las camisetas, si vendes camisetas por cuenta propia, tu cliente te pagará lo mismo, aunque una camiseta te haya llevado más horas que otra, porque te estará pagando por el valor que le aporta a él la camiseta.

Esto no quiere decir que no puedas poner un precio más alto a los servicios y productos que te lleven más trabajo o te salgan más caros, sino más bien que, si por lo que sea se te atasca la máquina de coser y te lleva dos horas hacer una camiseta que normalmente te llevaría media hora, esa hora y media de más la trabajas «gratis», mientras que, si estuvieras trabajando por cuenta ajena, te la pagarían al mismo precio que el resto de tus horas.

O, lo que es lo mismo, el riesgo lo corres tú.

Para mal, sí.

Pero también para bien. Imagina que descubres una forma de hacer las camisetas más rápido, si trabajas por cuenta propia, ese beneficio irá directamente a tu bolsillo, mientras que, si trabajas para otro, el beneficio de que tú seas más productivo y consigas generar más valor en menos tiempo se lo embolsará la empresa.

*** QUE NO SE TE OLVIDE**

Los empleados venden trabajo mientras que los trabajadores por cuenta propia venden valor.

Paremos un segundo para interiorizar esta distinción, porque tiene muchas más implicaciones de lo que parece. Entre otras cosas, esto significa que tus clientes te pagarán más o menos dependiendo del valor que perciban que les aporta tu producto o servicio, no de las horas que le hayas metido, ni siquiera de lo bien que hagas tu trabajo.

Cuando trabajas para otro, tu cometido es hacer la camiseta lo mejor posible según las indicaciones que te haya dado tu jefe, mientras que, si lo que tienes es un negocio de camisetas, tu trabajo es que el cliente perciba que esa camiseta le aporta el mayor valor posible.

Por eso, muchas veces no ganan más las empresas que hacen las camisetas de mejor calidad, sino las que hacen que el cliente sienta que tiene una camiseta «de moda», o que le hace pertenecer a cierto grupo, o le da un aspecto codiciado.

EL TRUCO DEL ALMENDRUCO

Cuando montas tu propio negocio es fundamental invertir sobre todo en aquellas partes de tu producto o servicio que el cliente percibe que le aportan más valor.

O, lo que es lo mismo, no hay que gastar tiempo ni dinero en perfeccionar partes de nuestro producto o servicio que el cliente no sienta que le aportan valor, aunque a nosotros nos parezcan la joya de la corona.

Y ya que estamos, vamos a destacar bien lo más importante que tenemos que tener en cuenta cuando damos el salto a ser empresarios o autónomos:

VERDADES INCÓMODAS

El cliente siempre, repito, siempre tiene la razón.

Nunca dejará de sorprenderme la cantidad de negocios que se van a la ruina por intentar decirle al cliente lo que necesita, en lugar de tener las orejas bien abiertas para saber qué es exactamente lo que más valora del servicio o producto en cuestión y concentrarse en eso. No cometas ese error.

DIME QUIÉN PONE LOS MEDIOS Y TE DIRÉ QUIÉN SE JUEGA LOS CUARTOS

Cuando trabajas para otro, en principio, tampoco tendrás que ocuparte de organizar (ni de pagar) los medios que necesites para desempeñar tu labor, como maquinaria, locales, materiales, otros trabajadores…, sino que será la empresa la que se tendrá que encargar de que tengas todo lo necesario para hacer tu trabajo.

Cuando te das a la vida emprendedora, en cambio, te tocará poner de tu bolsillo todos los recursos materiales o humanos que necesites, desde los ordenadores hasta el personal, pasando por el alquiler del local o la oficina.

De hecho, esto de los medios, aunque parezca un rollo que me he sacado de la manga, es lo que utiliza la Agencia Tributaria para definir si realizas o no una actividad por cuenta propia, y puede ser crucial para determinar qué impuestos tienes que pagar en caso de duda.

CON EL FISCO HEMOS TOPADO

Según la AEAT, realizas una actividad económica o profesional cuando ordenas por cuenta propia los medios de producción y/o los recursos humanos con el fin de intervenir en la producción o distribución de bienes o servicios.

Esto de «ordenar por cuenta propia» que suena tan enrevesado no es más que una forma de decir que tú te lo guisas y tú te lo comes o, dicho de otra manera, que tanto el riesgo como la responsabilidad de organizar y pagar —muchas veces por adelantado— todo lo que necesites para hacer tu trabajo recae ni más ni menos que sobre tus hombros.

DIME SI TIENES CONTRATO Y TE DIRÉ QUIÉN TE PROTEGE

Pero quizá lo más representativo de trabajar para otro es precisamente que existe ese *otro,* tu jefe, la empresa o quien sea, y que la relación entre ese otro y tú está regida por un contrato, sea este explícito o no (ojo, que no siempre hay un papel), en el que se especifica de antemano cuánto, cómo y cuándo vas a cobrar, por qué trabajo o labores, dónde y en qué horario vas a trabajar, etcétera.

Que nuestra vida laboral esté regida por un contrato implica, como todos sabemos, una pérdida de libertad que nos obligará a trabajar *x* horas al día, en tal o cual lugar, por una cantidad de dinero determinada.

Pero también obliga a la otra parte a honrar su parte del contrato, a pagarnos el sueldo a tiempo, a cubrir gran parte de nuestras contribuciones a la Seguridad Social y todas esas cosas que tanto gustito dan y, lo que no es menos, a cumplir con la legislación laboral que, aunque a veces no lo parezca, está ahí para protegernos y para que disfrutemos de los suficientes días de descanso y no tengamos que deslomarnos de sol a sol en condiciones infrahumanas.

En esencia, trabajar por cuenta propia significa que tu vida laboral no está regida por un contrato, lo que te da más libertad para organizarte como quieras.

La ventaja obvia es que puedes trabajar todas las horas que te dé la gana y cogerte mil días de vacaciones o ninguno, lo que más rabia te dé. Pero también es un riesgo nada desdeñable, porque esta libertad implica también que estás menos protegido.

*** QUE NO SE TE OLVIDE**

Cuando trabajas por cuenta propia, al no haber un contrato laboral, no estás protegido por la legislación laboral, salvo en los casos en que así lo especifique la ley como, por ejemplo, si existe una relación de dependencia y subordinación entre el autónomo y la empresa cliente (los conocidos como «falsos autónomos»).

Es decir, tu jefe no puede explotarte, pero si te explotas tú a ti mismo o tus clientes te lo exigen, no vas a tener a quién llorar.

Además, aunque a ti no te proteja, con tus empleados sí que tendrás que cumplir la legislación laboral al dedillo.

Y aquí otra piedra con la que tropiezan muchos empresarios en ciernes:

VERDADES INCÓMODAS

No puedes pretender que tus empleados tengan la misma implicación y trabajen en las mismas condiciones que tú.

¿Quieres trabajar de sol a sol, fines de semanas y vacaciones? Divino. Lo que no puedes es exigir que tus empleados sigan ese ritmo. Tú eres un trabajador por cuenta propia, ellos no. Por muchas cosas urgentísimas que haya que hacer y mucho futbolín que hayas puesto al lado de la máquina de café, es normal que tus empleados se quieran ir a casa a una hora decente y cogerse vacaciones cuando les toque.

DIME PARA QUIÉN TRABAJAS Y TE DIRÉ QUIÉN VELA POR TUS INTERESES

Y lo mismo con los sistemas de protección y garantía. Cuando trabajas por cuenta ajena, la empresa se queda con el valor añadido que genera tu trabajo y, a cambio, paga parte de tus contribuciones a la Seguridad Social y se asegura de que cotices lo suficiente para estar bien cubierto en caso de desempleo, enfermedad o jubilación.

Hasta que las cotizaciones de los trabajadores por cuenta propia se equiparen por completo a las cotizaciones de los trabajadores por cuenta ajena, allá por 2032, la decisión de cuánto cotizar a la Seguridad Social como autónomo es tuya (dentro de los tramos establecidos) y, por lo tanto, las consecuencias también las vas a sufrir tú. Aunque sea muy tentador cotizar siempre lo mínimo, las consecuencias a largo plazo pueden ser duras de pelar.

Por no mentar que, aunque tienden a equipararse, la cobertura en casos de enfermedad, desempleo, etcétera, es menor para los autónomos o, en ciertos casos, incluso inexistente (ya me gustaría a mí tener derecho a vacaciones pagadas).

GRÁBATELO A FUEGO

En esto del trabajo también se cumple la ley de oro de las finanzas: cuanta más libertad, más oportunidad, pero también más riesgo y más responsabilidad.

Al final, de lo que se trata cuando trabajas por cuenta propia es de gestionar bien los riesgos para poder aprovechar las oportunidades sin pillarte los dedos o, lo que es lo mismo, asumir plenamente tus responsabilidades para poder disfrutar de tu recién estrenada libertad sin estrellarte.

Si somos segurolas y no queremos que nos cojan las desgracias desprevenidos, existen seguros privados que nos pueden dar cobertura adicional, como seguros de accidentes, de incapacidad temporal por si nos ponemos enfermos y no podemos trabajar una temporada, seguros de jubilación y de vida, y seguros por pérdidas de beneficios, entre otros. Merece la pena informarse bien y valorarlo.

DIME CUÁL ES TU EPÍGRAFE Y TE DIRÉ QUIÉN APORTA EL VALOR

El Impuesto sobre Actividades Económicas, más conocido como IAE, obliga a todas las empresas y autónomos a registrarse y a decir a qué se dedican, pero, sorpresas de la vida *freelance*, en general, no te va a tocar pagar.

CON EL FISCO HEMOS TOPADO

A no ser que tus ingresos netos superen un millón de euros, no tienes que pagar el IAE.

Además, todos los negocios, incluso los millonarios, están exentos los primeros dos años.

Pero que no te vaya a tocar pagar, no significa que el IAE no sea importante para ti.

Es más, el día que decidas ponerte a trabajar por cuenta propia, prácticamente la primera gestión que vas a tener que hacer es darte de alta en algún epígrafe del IAE (como mínimo uno, pero pueden ser más) en Hacienda.

El plazo para hacerlo es de un mes desde el inicio de la actividad.

Esto del epígrafe es básicamente para que la Administración sepa a qué te dedicas, lo cual les viene de lujo para hacer estadísticas y para cobrar cuando toque.

Lo que pasa es que, aunque no tengamos que pagar nada, el epígrafe del IAE sí que va a influir en otras obligaciones e impuestos de los que no nos podemos librar, como el IVA y el IRPF, por lo que en qué epígrafe o epígrafes te des de alta es más importante de lo que parece. No lo dejemos más tiempo.

Las actividades económicas, según el IAE, se separan en tres grupos —o, como dicen ellos, secciones— que ya te dan una idea de por dónde empezar a buscar la tuya:

1. Actividades empresariales.
2. Actividades profesionales.
3. Actividades artísticas.

Sin que sirva de precedente, vamos a verlas al revés.

En la tercera sección, la de **actividades artísticas,** tendrán que darse de alta todos los profesionales que se dediquen al mundo del espectáculo o del deporte, desde los toreros, hasta los cómicos, pasando por los luchadores de sumo. Pero, ojo, porque si eres escritor, pero autoeditas y comercializas tus propios libros de manera independiente, esta actividad no se encuadraría en esta sección, sino en la de actividades empresariales. ¿Por qué?

Aquí viene una distinción muy importante que nos va a acompañar durante todo nuestro periplo como trabajadores por cuenta propia y que va a marcar la diferencia entre la sección de actividades empresariales y las de actividades profesionales y artísticas.

Verás, cuando hablamos de actividades profesionales y, de alguna manera, artísticas, nos referimos a esos trabajos que puede hacer un autónomo él solito sin demasiada infraestructura porque está capacitado para ello.

Me explico...

Un abogado *freelance* estaría ejerciendo una actividad profesional porque puede prestar sus servicios de manera independiente, sin casi infraestructura, pero tiene que estar capacitado para ello. Es decir, cualquiera no puede ser abogado, tienes que tener un título, estar colegiado, tener ciertos años de experiencia... Y lo mismo pasa con los médicos, los asesores financieros, los ingenieros, etcétera.

Los artistas y los deportistas tienen su propia sección en el IAE precisamente porque esa cualificación es más etérea. Nadie va a pedirle el carné de futbolista a Cristiano Ronaldo o las notas del conservatorio a Rosalía, pero el principio es el mismo: se trata de profesionales que hacen su trabajo de manera independiente porque están capacitados para ello, ya sea oficialmente, en el caso de las actividades profesionales, u oficiosamente, en el caso de las actividades artísticas.

Lo importante es darse cuenta de que el dinero que ganan está directamente relacionado con el valor que aporta su trabajo personal.

En cierto sentido, esto se parece bastante al concepto de *trabajo por cuenta ajena*, porque el valor que aporta un profesional independiente, un artista o un deportista está muy ligado al trabajo que hace personalmente y, si no está de cuerpo presente, no puede aportarlo. Difícilmente un futbolista podrá aportar valor sin estar en el campo, un cirujano sin coger el bisturí o un abogado sin ir a juicio.

Independientemente de que puedan ganar millonadas por intervenciones muy cortas (pensemos en lo que se han embolsado Shakira y Bizarrap por el famoso «las mujeres facturan»), normalmente, en este tipo de actividades, el profesional tiene que aportar su trabajo, su talento o su conocimiento personalmente.

Las actividades empresariales, en cambio, suelen requerir más estructura del tipo que sea —como otros trabajadores, maquinaria, un espacio físico, etcétera—, y el valor que aportan y por el que les pagan no está tan ligado al trabajo del autónomo o empresario en cuestión, sino que es un compendio de muchas cosas.

EL TRUCO DEL ALMENDRUCO

En las actividades profesionales y artísticas, el valor —y el precio— del servicio o del producto que se vende está muy ligado al trabajo del autónomo, mientras que en el caso de las actividades empresariales puede tener muy poco que ver.

Es decir, el valor que aporte un abogado por asesorar en una operación estará muy ligado a lo que él se dedique personalmente al caso, pero el valor que aporta una lechuga puede tener poco o nada que ver con el valor que aporta personalmente el dueño de la tierra con su trabajo. Por llevarlo al extremo, lo que gana Amancio Ortega no está para nada relacionado con las horas que fiche en la oficina o con cuántas puntadas le dé él personalmente a los bajos de los pantalones de Zara.

Una forma fácil de verlo es pensar cuánto se parece el producto o servicio final al trabajo del autónomo o del empresario en cuestión. En el caso de un cirujano, será casi idéntico, mientras que, en el caso de la fábrica de camisetas, el empresario puede no tocar una camiseta en la vida y aun así vivir (y muy bien) de ello.

Parece una tontería, pero **que el producto o servicio se parezca al trabajo del autónomo implica también que lo que gane el autónomo al final se parecerá más o menos a lo que facture a sus clientes.**

Volviendo a nuestro abogado *freelance*, lo que le quedará a él a fin de mes será aproximadamente lo que haya facturado a sus clientes por sus horas menos los gastos que tenga de oficina, servicios informáticos, la cuota del colegio de abogados, etcétera, que, en proporción, no deberían ser muy elevados.

Lo que le quede a final de mes al empresario de las camisetas, sin embargo, no tiene por qué parecerse ni remotamente a las ventas de camisetas, ya que dependerá mucho de la infraestructura de producción y distribución que tenga.

Pensemos en el ejemplo del escritor. Si te limitas a escribir el libro, te dedicarás a una actividad profesional y no necesitarás más que un ordenador y poquito más para hacer tu trabajo, mientras que, si autoeditas y distribuyes tu libro, será una actividad empresarial porque tendrás que invertir muchos más recursos para producir y distribuir el libro y lo que te quede al final dependerá mucho de qué medios hayas puesto para hacerlo.

Y por eso mismo, como vamos a ver en los siguientes capítulos, dependiendo de en qué sección del IAE estés dado de alta, tendrás que aplicar retención de IRPF en tus facturas o no.

Para más inri, el tipo de actividad que realices también determinará qué tipo de IVA tienes que aplicar en tus facturas.

QUE NO SE TE OLVIDE

En función del epígrafe del IAE, tendrás que aplicar o no retención de IRPF en tus facturas y un tipo de IVA u otro.

Como vamos a ver en el capítulo siguiente, el IAE es un impuesto «barato» que tiene más miga de lo que parece.

PARA NOTA

Puedes pasar al siguiente capítulo si y solo si:

- ☐ Has interiorizado que, como autónomo, lo que vendes es valor, no trabajo (aunque cobres por horas).
- ☐ Te ha quedado claro que debes invertir, sobre todo, en aquellas características de tu producto o servicio que el cliente perciba que le aportan más valor.
- ☐ Entiendes que como autónomo te tocará poner y pagar de tu bolsillo todos los medios que necesites para hacer tu trabajo.
- ☐ Sabes que, cuando empieces a trabajar por cuenta propia, la legislación laboral ya no te protegerá, pero aun así tendrás que cumplirla al dedillo con tus empleados.
- ☐ Eres consciente de que la responsabilidad de todos los papeleos y las gestiones con las Administraciones Públicas recaerá sobre tus hombros y de que no compensa ahorrar en gestores y asesores.
- ☐ Sabes cuál es tu o tus epígrafes del IAE y que, aunque no te vaya a tocar pagar, es importante.

¿AUTÓNOMO O S. L.? LA PREGUNTA DEL MILLÓN

Otra pregunta a la que la mayoría de los emprendedores en ciernes vamos a tener que enfrentarnos en algún momento es la de si merece la pena constituir una empresa, normalmente una sociedad limitada (S. L.), o si es mejor dejarse de líos y seguir como autónomo del montón por siempre jamás.

Porque lo de ser empresario es un lío, ya lo adelanto. Pero también tiene ventajas, algunas nada desdeñables, y es una decisión que hay que tomar con cuidado.

Veremos la cara bonita y la no tan halagüeña de estas dos opciones en detalle a lo largo de este capítulo, pero, para empezar, conviene, como siempre, volver a los básicos para entender cuál es la diferencia conceptual entre ambas opciones.

LA SUTIL PERO VITAL DIFERENCIA ENTRE TRABAJAR POR HORAS O QUE TU NEGOCIO TRABAJE POR TI

He dado mucho la matraca con la diferencia entre actividades empresariales y actividades profesionales o artísticas por una razón muy sencilla. Y es que, aunque a veces parezca que los señores de la AEAT redactaron la normativa después de darle al pacharán en la fiesta de Navidad, la realidad es que suele haber una razón de peso detrás de estas clasificaciones que de primeras pueden parecer tan arbitrarias o, como dirían mis *teenagers*, tan *random*.

CUANDO EL LÍMITE ERES TÚ

En el capítulo anterior hablamos de cómo en las actividades profesionales y artísticas, el autónomo tiene que estar de cuerpo presente para aportar valor y que una forma de distinguirlas de las actividades empresariales es lo que se parezca el producto o servicio final al trabajo del propio autónomo.

¿Y qué más dará?, pensará alguno. Pues mucho más de lo que solemos creer. Para empezar, porque, como hemos visto, lo que gane el autónomo se parecerá bastante a lo que les facture a sus clientes, lo que tiene otra derivada bastante interesante.

Esto de que el profesional tenga que estar de cuerpo presente significa, ni más ni menos, que lo que puede crecer el negocio tiene un límite muy claro: las veinticuatro horas que, nos guste o no, tienen los días, incluidos, muy a nuestro pesar, los de los autónomos.

*** QUE NO TE LA DEN CON QUESO**

En las actividades profesionales y artísticas, el principal límite al crecimiento del negocio es la disponibilidad del propio emprendedor.

Hasta los ingresos de Shakira tienen que plegarse a esta cruda realidad. Por mucho *entourage* que tenga, lo que puede ganar la de Barranquilla está limitado por su propia condición de ser humano. Es decir, para que Shakira pueda hacer eso que tanto le gusta, facturar, por ejemplo, en un concierto, tiene que estar ella de cuerpo presente moviendo las caderas. Sería imposible, aunque quisiera, estar en la Super Bowl y en Coachella al mismo tiempo.

Por supuesto, hay otras partes del negocio de Shakira, como la venta de discos, que son más escalables, como dirían los *startuperos* de pro, pero las actuaciones en directo e incluso la cantidad de canciones que pueda componer están limitadas a lo que su cuerpo aguante. No hay vuelta de hoja.

GRANDES PALABROS DE LA HISTORIA FINANCIERA

Se dice que un **negocio** es **escalable** cuando puede crecer exponencialmente sin que haya que aumentar los recursos proporcionalmente.

O, lo que es lo mismo, un negocio es escalable cuando puedes aumentar mucho las ventas sin que suban significativamente los costes o la dedicación. Por desgracia, la mayoría de las actividades profesionales y artísticas son difíciles de escalar o directamente no son escalables por definición.

Cristiano Ronaldo ganaría muchísimo más si pudiera jugar a la vez en el Real Madrid, el Barça y el Arsenal, pero hasta que no se perfeccione la clonación en masa (lo que en este ejemplo implicaría aumentar los recursos proporcionalmente), me temo que no es posible.

Por eso, en este tipo de negocios o, mejor dicho, de profesiones, una vez que estás ya trabajando a tope y que has delegado todo lo delegable o automatizado todo lo automatizable, para ganar más la única solución es subir tu precio por hora.

EL TRUCO DEL ALMENDRUCO

La clave para ganar más dinero con los negocios poco escalables es el precio.

Nadie sabe más de esto que Taylor Swift. Es físicamente imposible hacer más conciertos que la matada que se está pegando esta mujer en el Eras Tour, y Taylor, que ante todo es una grandísima mujer de negocios, lo ha visto clarinete: la solución para ganar más con un negocio no escalable es cobrar las entradas a precio de riñón y hacer que nos peguemos por ellas.

Y es que, para ganar más dinero con este tipo de actividades, hay que seguir estos pasos que Taylor se sabe casi mejor que las coreografías de *Shake It Up*:

1. **Llenar el carnet de baile al máximo.** Lo primero en lo que deberíamos enfocarnos es en conseguir el suficiente número de clientes para cubrir el máximo de nuestra capacidad y no tener horas libres en la agenda. Es decir, nuestra primera prioridad será ganar volumen hasta tener la agenda echando humo.

2. **Optimizar los costes y los recursos.** Una vez que estemos a tope, empezaríamos a pensar qué labores podemos delegar o subcontratar para poder dedicar más tiempo a la parte de nuestro trabajo que más dinero nos da. Lo que queremos es mantener la agenda llena, pero cada vez con actividades de más valor. No tiene sentido no coger un cliente nuevo porque tenemos que hacer labores administrativas que podría hacer otra persona por menos dinero.

LA REGLA DE ORO

Deberíamos delegar, subcontratar o automatizar todas aquellas actividades que nos podamos quitar de encima por un precio por hora inferior al que cobramos a nuestros clientes.

3. **Maximizar el precio por hora.** Finalmente, cuando ya hemos optimizado los dos puntos anteriores, deberíamos concentrarnos en mejorar nuestro precio por hora. Para ello, tendremos que invertir en incrementar nuestro prestigio y nuestro capital humano para que nuestros clientes perciban que les añadimos cada vez más valor.

Esto de invertir en nuestro prestigio y en nuestro capital humano puede ser tan variopinto como que un dentista invierta en un curso para aprender una técnica de blanqueamiento nueva o que una *influencer* invierta en creación de contenido para conseguir más *followers*.

Si lo piensas, desde Ed Sheeran hasta Taylor Swift, pasando por el veterinario de tu pueblo, han seguido este proceso para llegar hasta la cumbre. Ed Sheeran, sin ir más lejos, empezó como hombre orquesta, haciéndolo todo él y tocando allí donde le dejaban, noche tras noche. En aquellos años de pubs de mala muerte, la única prioridad de Ed era tocar en cuantos más sitios, mejor, sin ponerse exquisito. Básicamente, lo cogía todo.

Cuando ya empezó a coger tracción y a vender algún que otro disco, empezó a delegar ciertas tareas (se asoció con una discográfica para no tener que hacer CDs caseros y empezó a contratar personal administrativo, de *marketing,* etcétera) para poder dedicar más tiempo a su capital humano, su música, y, poco a poco, ir subiendo el nivel de los sitios en los que tocaba o, lo que es lo mismo, subiendo su precio por hora de dos formas: tocando en sitios cada vez más grandes y cobrando más por cada entrada. Y así hasta forrarse.

Aunque lo de vender discos parezca más un producto que un servicio profesional (y para la discográfica, de hecho, lo es), para el autor sigue siendo una expresión de su precio por hora, porque el número de discos que pueda grabar depende directamente de su trabajo, y la forma de incrementar el precio por hora de ese trabajo sería vender más discos, lo que está directamente ligado a su prestigio como artista.

EL TRUCO DEL ALMENDRUCO

Para subir el precio por hora de un profesional o de un artista se pueden hacer dos cosas:

- Incrementar el número de clientes al que sirves en una hora (como hace Ed Sheeran con sus macroconciertos y sus discos).
- Cobrar más a cada cliente (como en los conciertos de Taylor Swift).

Pero no hace falta irse hasta un pub de Norfolk para ver estos mecanismos en acción. Pensemos, por ejemplo, en el veterinario del que hablábamos antes y pongamos que empezó de cero abriendo una consulta en su pueblo. Al principio, probablemente, lo hacía casi todo él, hasta que empezó a tener el suficiente número de gatos siameses y hámsteres en su agenda para poder permitirse una recepcionista, un contable y un auxiliar (sí, los autónomos persona física pueden tener empleados aunque no hayan montado una empresa propiamente dicha), y así poder dedicar cada vez más tiempo a tratar animales, que es donde un veterinario añade valor, no cogiendo el teléfono o apuntando citas.

Si te fijas, en cualquier consulta del ámbito sanitario bien gestionada, para cuando el médico, dentista o veterinario entra en la sala, está ya todo preparado para que no pierda ni un minuto haciendo nada que no sea su trabajo puro y duro. Y no porque los médicos sean unos esnobs que se niegan a hacer tareas administrativas, sino porque así pueden atender a más pacientes, que es la forma más eficiente de ganar dinero.

Una vez que nuestro veterinario haya subcontratado o delegado todo lo delegable y optimizado todos los procesos, si tuviera la consulta llena todos los días de la semana, su única opción para ganar más sería subir el precio por consulta. Para ello, tendría que invertir en tecnología, en equipamiento y en mantenerse al día y seguir formándose en los tratamientos más punteros, o especializarse en animales exóticos o especialidades poco frecuentes en las que se pueda cobrar más por hora.

Aunque parte de esta inversión sea en recursos materiales (como las máquinas de última generación), realmente en lo que redunda es en el prestigio del veterinario, que será el que las utilice en su consulta. Es decir, al final, lo importante es incrementar el capital humano del autónomo, aunque para ello haya que hacer también inversiones de otro tipo, como por ejemplo una oficina pintona para una abogada de renombre o ropa de marca para una *influencer*.

EL TRUCO DEL ALMENDRUCO

En este tipo de actividades profesionales y artísticas nos centraríamos primero en invertir en *marketing* y en ventas para llenar la agenda; luego, en personal o tecnología para optimizar los costes; y, finalmente, en cosas que nos puedan ayudar a incrementar nuestro prestigio y nuestro capital humano para poder cobrar más por hora, ya sea subiendo el número de clientes a los que podemos atender a la vez o incrementando el precio por cliente.

Nos debería estar quedando claro que el secreto para ganar más en este tipo de profesiones es el **prestigio,** que no es más que el valor percibido por los clientes.

¿Por qué le pagan más a Cristiano Ronaldo de lo que le pagan a un jugador de tercera regional? Porque mete más goles, no porque entrene más horas o pase más minutos en el campo.

Lo bueno de subir el precio por hora es que es un beneficio que va directamente al bolsillo del autónomo, porque al subir el precio no necesariamente se van a incrementar los costes. Lo malo es que, si no eres un futbolista de élite o una estrella del pop, muchas veces no es fácil subir el precio por hora, ya que tus clientes se irían a la competencia.

VERDADES INCÓMODAS

Sea como fuere, cuando el autónomo ha alcanzado el precio por hora máximo para que sus clientes no se vayan a la competencia, su negocio ha tocado techo.

No es de extrañar que muchos profesionales, cuando se dan cuenta de que están tocando techo y de que mucho más no van a poder sacarle a su hora, busquen otras líneas de negocio más escalables (bienvenido al apasionante mundo de los cursos *on line* de todo tipo y de los libros de autoayuda). Hasta el príncipe Harry entendió muy rápido que hay un límite al número de conferencias motivacionales y viajes a Kenia que se pueden hacer, y no tardó en sacarse de la manga una biografía que le ha dado unos retornos más que suculentos sin tener que sudar tanto la camiseta. Y lo que le queda.

¿Y por qué se han vendido chorrocientos ejemplares de *En la sombra* (2023)? Porque promete más morbo (que en el sector editorial es valor) que la biografía de la profesora de primaria de mi barrio, y porque Harry es más conocido y levanta más pasiones, es decir, su libro añade más valor percibido. La diferencia, aunque se trate de productos escalables, no está en el producto en sí (que el papel sea de más o menos calidad es lo de menos), sino en el prestigio del profesional.

*** QUE NO SE TE OLVIDE**

En este tipo de profesiones, aunque puedas encontrar líneas de negocio más escalables, el límite de lo que se puede llegar a ganar lo sigue marcando el valor que añade el profesional.

Lo importante es darse cuenta de que, que un profesional o un artista gane más que otro no depende de tener unas oficinas más molonas (aunque algo hace, porque puede influir en la percepción del cliente) o de invertir en un *software* más puntero (aunque le pueda liberar tiempo para coger más clientes), sino de lo que invierta en su propio capital humano, es decir, en sí mismo.

Cristiano Ronaldo no entrena para fichar y que le paguen las horas, sino para ser mejor y poder cobrar más por las mismas horas de trabajo que otros.

Y lo mismo un fontanero. No va a ganar más por tener una furgoneta más chula, sino por ser apañado y solucionarles los problemas a sus clientes eficientemente. En el caso del fontanero, y de tantos otros, el problema es que lo que pueda cobrar de más por ser un buen profesional tiene un límite bastante bajo y el precio que le pueda poner a su hora va a depender muchísimo de la competencia que haya en su zona, porque es un servicio con poca diferenciación. Una vez que la tubería está desatascada, no hay mucho más valor que añadir.

VERDADES INCÓMODAS

En sectores con mucha competencia o poca diferenciación de los productos o servicios, puede resultar muy difícil subir el precio por hora.

En algunas profesiones, el precio puede estar hasta regulado, con lo cual, el autónomo ya sabe cuál es el máximo que puede ganar con esa actividad trabajando a tiempo completo.

Por supuesto, un dentista podrá cobrar más si tiene unas instalaciones estupendas con toda la tecnología punta, pero, llevándolo al absurdo, para cobrar, el dentista en cuestión tendrá que estar ahí para ponerte el empaste y lo que puede ganar sigue estando limitado por su disponibilidad. Para superar este escollo, el dentista podría, por ejemplo, especializarse para hacer intervenciones que no todos los dentistas puedan realizar y por las que se pueda cobrar más.

GRÁBATELO A FUEGO

La clave para cobrar más por hora es prestar un servicio o vender un producto que la gente perciba como diferencial, o bien porque los clientes lo aprecian como muy superior al de la competencia, o porque directamente hay poca competencia.

A lo mejor, por un empaste no estás dispuesto a pagar mucho más que la media, pero si te vas a hacer una operación más importante, igual sí prefieres gastar más e ir a un profesional con más referencias, porque percibes que el resultado va a ser mejor. Igualmente, cuando la gente paga auténticas barbaridades para ir a ver a Taylor Swift es porque entiende que la experiencia no va a tener nada que ver con el concierto de la verbena de su pueblo.

Todo este rollo para decir que la forma jurídica del autónomo está concebida precisamente para este tipo de profesiones, porque son actividades que están muy ligadas al profesional en sí y la delgada línea que separa lo personal de lo profesional puede llegar a ser muy difusa. Con lo cual, de primeras, si tu epígrafe del IAE está en la sección de actividades profesionales o artísticas, ya te da una pista de qué forma jurídica puede convenirte más.

Si lo piensas, realmente este tipo de actividades son más parecidas a trabajar por cuenta ajena que las actividades empresariales, en el sentido de que están muy ligadas a las horas de trabajo del propio autónomo.

✱ QUE NO SE TE OLVIDE

El régimen del autónomo puro y duro está pensado para esos negocios que…

- Están íntimamente relacionados con el trabajo del propio autónomo.
- No requieren mucha infraestructura, porque la inversión más importante es en el capital humano del propio autónomo.
- Las ganancias están muy relacionadas con —y limitadas por— el valor que añade el autónomo.

Recordemos que incluso para las líneas de negocio más escalables de este tipo de profesiones, como los libros, los cursos *on line* o los discos, el número de estos que puedas comercializar sigue estando limitado por tu tiempo, tu alcance, tu reputación, tu conocimiento y hasta por tu inspiración. Ni los Obama han conseguido colarnos más de una biografía por barba.

Lo que nos lleva a la otra cara de esta baraja: los negocios que no dependen tanto del autónomo.

HASTA EL INFINITO Y MÁS ALLÁ

Efectivamente, hay otro tipo de negocios en los que la identificación del producto o servicio con el trabajo del autónomo es muy remota o, incluso, inexistente. Me explico.

Lo normal cuando uno va a Zara a comprarse unos vaqueros es que Marta Ortega no haya estado ni a un kilómetro de distancia de tus pantalones. De hecho, probablemente ni siquiera sepa que existe ese modelo en ese color. Como muchos clientes de Inditex no sabrán quiénes son los Ortega ni dónde está Arteixo. Mientras la ropa sea mona y tenga un precio razonable, lo que haga el empresario al cliente se la trae al pairo.

Esto no quiere decir que su labor no sea importante, sino más bien que el negocio no necesita al empresario de cuerpo presente para operar. Lo que no quita para que, sobre todo al principio, hagas de todo, pero, en general, a medida que el negocio crezca y se asiente, tu labor como empresario será más de gestión que de hacer el trabajo propiamente dicho.

EL TRUCO DEL ALMENDRUCO

En este tipo de empresas, en las que el valor no lo añade directamente el trabajo del emprendedor, la labor del empresario suele ser más de gestión.

Como veremos en el siguiente capítulo, en el caso de las actividades empresariales, Hacienda no se atreve a retener el IRPF de las facturas de los autónomos, porque lo que gane el autónomo puede no tener nada que ver con lo que facture el negocio, precisamente porque hacen falta muchos recursos, tanto humanos como materiales, para producir esos bienes o servicios, además del trabajo del autónomo en cuestión.

Por muy bien que se le den el corte y la confección a Amancio, para levantar un imperio como Inditex hacen falta muchas fábricas, muchas tiendas, una infraestructura operativa gigantesca y unos equipos de diseño multitudinarios, entre otro millón de cosas. De hecho, que Amancio Ortega sepa coser o no es irrelevante para el negocio.

A cambio, el límite de este tipo de negocios no viene impuesto por el emprendedor. La mayoría de los clientes de Zara ni se han enterado de que Amancio se ha jubilado. Es decir, la escalabilidad del negocio no tiene como límite al propio autónomo, porque el valor del producto no radica en el valor o la reputación del autónomo, sino que es la empresa la que acumula y aporta el valor generado.

GRÁBATELO A FUEGO

En este tipo de actividades empresariales, el valor lo genera y lo acumula la empresa, no el autónomo.

Incluso en casos extremos de fundadores carismáticos, como Steve Jobs, su muerte, aunque sin duda fue un revés, no ha supuesto el fin de Apple, porque el valor se había acumulado en la empresa, no en la figura de su fundador.

Parece pura retórica, pero tiene consecuencias tan importantes como que el negocio sea vendible o no, y otras mucho más prosaicas, como que puedas irte un año al Caribe mientras tu negocio sigue trabajando por ti.

Para este tipo de actividades en las que el empresario tiene que poner en marcha muchos más recursos que su propio trabajo para sacarlas adelante, tiene todo el sentido del mundo constituir una S. L., aunque sea unipersonal, por las siguientes razones:

- Para que la empresa pueda captar el valor que vaya generando el negocio.
- Para acceder a otro tipo de financiación que le permita afrontar las inversiones necesarias.
- Para que la empresa pueda funcionar de manera independiente del autónomo.

Por lo tanto, si estás inscrito en el epígrafe de actividades empresariales del IAE, puedes empezar a sospechar que, en algún momento, probablemente acabes constituyendo una sociedad, del tipo que sea.

JUNTOS Y REVUELTOS

Como ya hemos comentado, el IAE, con lo soso que parecía, tiene mucha miga. Lo que pasa es que como al principio es bastante menos lío ser autónomo que empresario, muchos, aunque estén dados de alta en el epígrafe de actividades empresariales, empezarán como autónomos hasta ver cómo va la cosa.

De la misma manera, muchos profesionales, o incluso artistas, pueden decidir constituir una sociedad en algún momento para intentar traspasar parte del valor que han acumulado personalmente a la sociedad, con la esperanza de poder retirarse algún día y que la maquinaria siga rodando.

Este es el caso de muchos de los grandes despachos de abogados. Aunque los hermanos Garrigues fallecieron hace muchos años, el despacho que lleva su nombre sigue funcionando a todo trapo porque consiguieron traspasar su prestigio a la marca de la empresa que fundaron.

Pero no nos llevemos a engaño porque, aunque este tipo de profesionales liberales puedan asociarse y montar empresas y hasta imperios, el límite de estas empresas sigue estando en las veinticuatro horas de sus abogados, por muchos que sean. Asociarse en una empresa les permite optimizar la reputación, los costes y la infraestructura, pero, al final, su facturación sigue estando limitada al precio por hora de sus abogados, por muy estratosférico que sea este.

Esto no quiere decir que las actividades empresariales no tengan límites en su crecimiento. Por supuesto que los tienen, pero son de otro tipo.

Lo que pueda vender Zara, por ejemplo, depende de —y está limitado por— cuántas tiendas tenga (aunque el comercio *online* haya pulverizado esta limitación), entre otras muchas cosas. La clave está en que es más fácil comprar edificios que clonar Amancios. Esta es una de las razones por las que los talleres de alta costura no son tan escalables y por las que la alta costura es tan cara: Valentino sabe que, para ganar más, tiene que subir su precio por hora.

GRÁBATELO A FUEGO

La diferencia fundamental entre una actividad profesional o artística y una actividad empresarial, independientemente de la forma jurídica que elija, radica en dónde está el valor añadido:

- Si el valor añadido está en las tareas del profesional o del artista, se tratará de un actividad profesional.
- Si el valor añadido recae sobre la organización, se tratará de una actividad empresarial.

Otra forma de verlo es mirando cómo de sustituible es la labor del emprendedor. En el caso de los empresarios, como Amancio Ortega, aunque su labor en Inditex ha sido irrepetible, la realidad es que Marta Ortega le ha sustituido sin que la empresa sufra por ello.

En el caso de Shakira, en cambio, difícilmente podría decir: «A partir de ahora mis conciertos los va a dar Jennifer Lopez» o, peor, Piqué. Por muy buena que sea JLo, la gente ha pagado por ver a Shakira.

Como ves, conceptualmente está bastante claro a qué bando pertenecería cada emprendedor, pero la realidad es que la línea es mucho más difusa de lo que parece y que, como legalmente no hay ningún obstáculo para ser autónomo aunque te dediques a una actividad empresarial, y al contrario, la realidad no se parece en nada a la teoría.

*** QUE NO SE TE OLVIDE**

Aunque tu epígrafe del IAE te da una pista de qué forma jurídica te puede convenir más, eres libre para elegir la que más rabia te dé.

De hecho, el Tribunal de Justicia de la Unión Europea define como *empresa* «toda entidad, independientemente de su forma jurídica, que ejerza una actividad económica». Es decir, aunque seas un autónomo del montón, a ojos de la ley también eres una empresa.

Así que vamos a ver de cerca las ventajas y las desventajas de cada opción, para que puedas decidir con conocimiento de causa.

LA DELGADA LÍNEA ENTRE EL AUTÓNOMO Y EL EMPRESARIO

GRANDES PALABROS DE LA HISTORIA FINANCIERA

La **forma jurídica** de una empresa no es más que la modalidad legal que un profesional o sociedad elige para llevar a cabo una actividad económica.

Formas jurídicas hay muchas, pero las dos más comunes para los trabajadores por cuenta propia son autónomo o S. L., aunque, como veremos, en este caso, es posible que también tengas que cotizar en el Régimen Especial de Trabajadores Autónomos (RETA) como autónomo societario. Pero no adelantemos acontecimientos.

VENTAJAS Y DESVENTAJAS DE SER AUTÓNOMO

Empecemos por las ventajas:

- **No hace falta poner pasta.** Cualquiera que sea mayor de edad puede darse de alta como autónomo y empezar a trabajar sin necesidad de poner un capital mínimo por delante.
- **Puedes empezar a trabajar mañana.** Los trámites para empezar a operar son mucho más fáciles y más baratos, y te los puedes ventilar en una mañana.
- **Menos lío y más barato.** Las obligaciones administrativas y legales de un autónomo son menos que las de una S. L., por lo que los costes de gestoría y asesoría también son menores.
- **Tus datos son tuyos.** Los autónomos no están obligados a publicar su cuentas, mientras que las S. L. sí lo están. Si no quieres que nadie sepa lo que facturas, como autónomo persona física tienes más privacidad.

Y las desventajas...

- **Vas con todo.** Como un autónomo está totalmente identificado con su negocio, que no tiene una forma jurídica indepdendiente (por eso decimos autónomo persona física), tiene **responsabilidad ilimitada.** Es decir, si pasa algo, responde con todo lo que tenga: su casa, su dinero, otras inversiones que pueda tener, etcétera. Y, lo que es peor, si está casado en régimen de gananciales, responde con todo el patrimonio familiar (menos los denominados bienes privativos de su cónyuge), incluido el apartamento de la playa.

VERDADES INCÓMODAS

Como autónomo respondes ante cualquier deuda o sanción con todo lo que tengas, independientemente de que esté relacionado con tu trabajo o no.

- Existe la figura del **autónomo de responsabilidad limitada,** pero para poder acogerte a este régimen hay una serie de requisitos que no siempre son fáciles de cumplir.
- **Todo el peso recae sobre tus hombros.** Tendrás que hacer frente en solitario a todos los gastos e inversiones y te será más difícil conseguir financiación externa sin poner garantías o avales personales.
- **El IRPF reinará en tu casa.** Como autónomo, todos los beneficios de tu negocio tributan como rendimiento de las actividades económicas en el Impuesto de la Renta de Personas Físicas (IRPF), por lo que, si ganas mucho, te enfrentas a tipos de hasta el 47 %. De cómo, cuándo y cuánto te va a tocar pagar, hablaremos largo y tendido en el siguiente capítulo.

VENTAJAS Y DESVENTAJAS DE TENER UNA S. L.

Entre las ventajas de constituir una S. L. cabe mencionar:

- **No tienes que financiarlo todo de tu bolsillo.** Con una S. L., es más fácil conseguir financiación externa, tanto de bancos como de inversores, aunque a veces te pueden pedir alguna garantía o aval.

- **Vas solo con lo que pongas.** Una de las ventajas más importantes de tener una S. L. es que tu responsabilidad (salvo en casos de malversación o negligencia) se limita al dinero que hayas puesto en la empresa. Es decir, solo respondes con el dinero que hayas invertido, no con todo, como en el caso de los autónomos «normales». En una S. L., tu patrimonio personal y el de tu pareja, aunque estéis casados en régimen de gananciales, está a salvo.
- **El IRPF ya no es rey.** Dependiendo de qué hagas con el dinero que vaya generando tu negocio y de cómo lo cobres, tributarás en el impuesto de sociedades, en el IRPF como rendimientos de las actividades económicas o como rendimientos del capital mobiliario. En general, se suele decir que las S. L. son más ventajosas en tema de impuestos, pero esto es solo una verdad a medias, porque no siempre sale más barato. Lo que sí es verdad es que es una fórmula más flexible para decidir cómo, con cuánto y cuándo pasas por caja.
- **Podrás deducir parte de la inversión en el IRPF.** Si cumples los requisitos, podrás acogerte a la deducción por inversión en empresas de nueva o reciente creación (hasta tres años) para deducir hasta un 50 % del dinero que inviertas (con un máximo de cien mil euros) en tu declaración de IRPF.

¿Y cuáles son las desventajas?

- **Hay (o había) que poner la pasta por delante.** Realmente, desde que en 2022 se redujo el capital mínimo de una S. L. a un euro, esto ya no es del todo verdad. Lo que sí sigue siendo cierto es que, hasta que el capital no alcance los 3.000 euros, estás obligado a destinar al menos el 20 % de tus beneficios a la reserva legal. Ahora también es más fácil hacer aportaciones no dinerarias para constituir la sociedad, pero aun así te va a salir más caro constituir una S. L. que darte de alta como autónomo.

- **Cuesta más ponerla en marcha.** Montar una S. L. te puede llevar hasta un mes (aunque también se puede conseguir en plazos más ajustados) y requiere bastantes más formalismos y papeleo, por lo que también es más caro.
- **...Y mantenerla.** Como las obligaciones legales y fiscales de una S. L. son más, los gastos de gestión, asesoría, etcétera, también son más elevados.

NO SON IMPUESTOS TODO LO QUE RELUCE

Aunque en el siguiente capítulo veremos cómo se calcula el IRPF de los autónomos con todo lujo de detalles, merece la pena ahondar un poco más en esto de los impuestos, porque muchas veces se vende lo de la S. L. como una forma de ahorrar impuestos y no es así necesariamente.

Como decía, sí que es más flexible y se puede hacer más ingeniería fiscal, lo que puede permitirte ahorrar impuestos. Pero dependiendo de tus objetivos y de tus planes, puede no compensarte.

*** QUE NO TE LA DEN CON QUESO**

Aunque una S. L. permite más flexibilidad a la hora de tributar, no siempre supone un ahorro fiscal.

Vamos a verlo con un ejemplo, que es como se entiende mejor.

Pongamos que tenemos un autónomo particular que factura 150.000 euros anuales, con unos costes deducibles, según Hacienda, de 50.000 euros, lo que supondría un rendimiento neto de 100.000 euros. Pongamos también que el autónomo ha elegido cotizar lo mínimo dentro de su banda (que sería la más alta) y paga una cuota de 530 euros al mes (6.360 euros al año).

Su base imponible para calcular el IRPF sería entonces de 93.640 euros, que resultaría en el siguiente IRPF por actividades económicas:

Tramos	Importe	Tipo	IRPF
– €	12.450 €	19 %	2.366 €
12.450 €	20.199 €	24 %	1.860 €
20.200 €	35.199 €	30 %	4.500 €
35.200 €	59.999 €	37 %	9.176 €
60.000 €	93.640 €	45 %	15.138 €
300.000 €	– €	47 %	– €
Total de IRPF actividades económicas			33.039 €

A nuestro autónomo le quedarían, por lo tanto, 60.601 euros limpios después de impuestos para su uso y disfrute. Es decir, aproximadamente el 40 % de su facturación.

Facturación del negocio	**150.000 €**
Costes deducibles	-50.000 €
Rendimiento neto	**100.000 €**
Seguridad social del autónomo	-6.360 €
Base imponible	**93.640 €**
IRPF	-33.039 €
Neto que le queda al emprendedor	60.601 €

Pongamos ahora que este mismo autónomo decide constituir una S. L. y cobrar mediante factura como autónomo societario (más sobre esto en breve) un sueldo bruto de 66.000 euros al año, y que el resto lo va a cobrar en forma de dividendos.

EL TRUCO DEL ALMENDRUCO

Cuando una empresa genera beneficios puede o bien dejarlos invertidos en la empresa o bien repartir todo o parte de esos beneficios a sus accionistas en forma de dividendos.

Por la parte que factura como autónomo societario, los 66.000 euros menos los 6.360 euros de Seguridad Social, este autónomo tendría que pagar 17.768 euros de IRPF por actividades económicas.

Tramos	Importe	Tipo	IRPF
– €	12.450 €	19 %	2.366 €
12.450 €	20.199 €	24 %	1.860 €
20.200 €	35.199 €	30 %	4.500 €
35.200 €	59.640 €	37 %	9.043 €
60.000 €	– €	45 %	– €
300.000 €	– €	47 %	– €
Total de IRPF actividades económicas			17.768 €

La S. L., por su parte, tendría que pagar otros 7.820 euros de impuesto de sociedades sobre sus beneficios antes de impuestos:

Facturación de la empresa	**150.000 €**
Costes operativos	-50.000 €
Facturas emitidas por el autónomo a la S. L.	-66.000 €
Resultado de la empresa antes de impuestos	**34.000 €**
Impuesto de sociedades (23 %)	-7.820 €
Beneficio neto de la empresa	26.180 €

Pero, claro, si el autónomo quisiera ahora cobrarse ese beneficio de 26.180 euros que ha generado la empresa en forma de dividendos, todavía le quedaría pagar el IRPF por rendimientos del capital mobiliario de los susodichos dividendos, que serían otros 5.378 euros.

Tramos	Importe	Tipo	IRPF
– €	6.000 €	19 %	1.140 €
6.000 €	26.180 €	21 %	4.238 €
50.000 €	– €	23 %	– €
200.000 €	– €	27 %	– €
300.000 €	– €	28 %	– €
Total de IRPF dividendos			5.378 €

Con lo cual, lo que le quedaría neto en el bolsillo serían 62.674 euros:

Facturación del autónomo societario	**66.000 €**
Costes deducibles	– €
Rendimiento neto	**66.000 €**
Seguridad Social del autónomo societario	–6.360 €
Base imponible	**59.640 €**
IRPF actividades económicas	–17.768 €
Neto que le queda al emprendedor	**41.872 €**
Ingreso por dividendos de la empresa	**26.180 €**
IRPF rendimientos del capital mobiliario	–5.378 €
Neto que le queda al emprendedor	62.674 €

En teoría, al constituir una S. L. se ha ahorrado 2.073 euros, pero no he tenido en cuenta que la S. L. tendría más costes de gestión, así que probablemente quedaría, más o menos, lo comido por lo servido con bastantes más líos y obligaciones.

Además, estos números tienen truco, porque esos 66.000 euros anuales que he puesto como remuneración bruta no son una cantidad elegida al azar, sino la que mejor le sale, fiscalmente hablando, a nuestro autónomo.

Si en lugar de facturar 66.000 euros hubiera facturado 80.000 euros, ya solo se habría ahorrado 1.286 euros con respecto a un autónomo del montón y, ahora viene lo interesante, si hubiera facturado 25.000 euros y el resto lo cobrara como dividendos, le saldría peor que siendo un autónomo del montón: ganaría 225 euros menos, para ser exactos.

*** QUE NO TE LA DEN CON QUESO**

Si constituyes una S. L., para reducir la carga fiscal hay que estudiar cuál es la fórmula más ventajosa para optimizar los tramos del IRPF que pagarías por la parte que cobres por tu trabajo mediante facturas o en nómina y lo que pagarías por lo que cobres en forma de dividendos.

Si al autónomo le fuera de lujo y pasara a facturar 600.000 euros con unos costes de 300.000 euros, facturándole a la empresa 67.000 euros por su trabajo (que sería la cantidad óptima para este autónomo según mis cálculos) y el resto por dividendos, se ahorraría unos 11.116 euros, pero otra vez sin tener en cuenta los costes añadidos que la S. L. supone.

En conclusión: si tú lo que quieres es llevarte a tu bolsillo todos los beneficios de tu negocio, te puedes ahorrar impuestos constituyendo una S. L., sobre todo cuanta más facturación tengas, pero solo si haces los números bien para buscar la fórmula fiscal óptima en cada caso y sabiendo que no está tan claro que te compense los quebraderos de cabeza adicionales que te va a dar.

«Pues para ese viaje no hacían falta alforjas», pensará alguno. Y con razón, pero es que hasta ahora estábamos hablando de un autónomo que no tiene pensado reinvertir parte de sus beneficios en su negocio, porque en este caso sí que la opción de una S. L. puede ser mucho más interesante.

Volviendo a nuestro autónomo, ese que facturaba 150.000 euros de los que le quedaban 60.601 euros netos que había ganado a final de año, imagina que para expandir su negocio tiene que hacer una inversión de 20.000 euros. Si se trata de un autónomo particular, tendría que pagar la inversión de esos 60.601 euros que había ganado y le quedarían 40.601 euros para su uso y disfrute.

Si tuviera una S. L., en cambio, lo que haría sería dejar esos 20.000 euros en la empresa. Es decir, en lugar de cobrar los 26.180 euros de dividendos, repartiría solo 6.180 y se ahorraría el IRPF de esos 20.000 euros de dividendos que ha decidido no cobrar para reinvertirlos en el negocio, lo que supondría un ahorro de 4.200 euros.

Por eso, cuando decía que las actividades empresariales han nacido para tomar la forma jurídica de una S. L., una de las razones principales es porque requieren más infraestructura y más inversión, mientras que en las actividades profesionales y artísticas la inversión más importante es en el capital humano del autónomo, lo que no suele requerir desembolsos tan grandes.

*** QUE NO TE LA DEN CON QUESO**

Si vas a reinvertir parte de los beneficios de tu negocio en la empresa, tener una S. L. sí puede suponer un ahorro fiscal importante.

Cuanto más grandes sean estas cantidades, mayor será el ahorro fiscal. Además, ya ves que dejando dinero en la empresa, uno puede diferir algunos impuestos y organizarse para sacar el mayor partido. Pero, como siempre, no es un ahorro automático y hará falta un asesor avispado que te ayude a encontrar la fórmula que más te conviene.

CUÁNDO Y POR QUÉ DARSE A LA VIDA *FREELANCE*

Resumiendo, puede ser interesante elegir la forma jurídica del autónomo si…

- Estás dado de alta en alguno (o algunos) de los epígrafes de actividades profesionales o artísticas del IAE, pero que quede claro que esto no es una limitación, solo una pista.
- Vas a emprender solo.
- Quieres ahorrarte líos y papeleos.
- Estás empezando, sea cual sea tu epígrafe en el IAE, y buscas una forma rápida e indolora de ponerte a funcionar.
- No prevés tener unos ingresos desorbitados.
- No te inquieta responder con todo tu patrimonio si la cosa se pone fea.
- Con entender qué es el IRPF y cómo funciona tienes de sobra.
- No vas a tener que hacer inversiones relevantes en el negocio.
- No crees que vayas a necesitar financiación externa.
- Vender tu negocio o buscar inversores no está en tus planes.
- No quieres que nadie sepa lo que facturas y lo que dejas de ganar o no.

CUÁNDO Y POR QUÉ CONSTITUIR UNA EMPRESA

Por otro lado, podría interesarte constituir una sociedad si…

- Estás dado de alta en el epígrafe de actividades empresariales del IAE. Insisto, esto es solo una pista, puedes estar dado de alta en otro epígrafe y constituir una S. L. igualmente.
- Solo quieres arriesgar lo que inviertas en el negocio. Este punto es especialmente importante para cualquiera que esté casado en régimen de gananciales.

- Vas a montar el negocio con más gente. Si emprendes solo, pero quieres constituir una sociedad, puedes optar por una sociedad de responsabilidad limitada unipersonal (S. L. U.).
- Estás dispuesto a hacer frente a las obligaciones y los costes adicionales que constituir una S. L. conlleva.
- Vas a ganar mucho dinero con tu negocio y quieres optimizar tu fiscalidad con la ayuda de un buen asesor.
- Entiendes que tendrás que vértelas con otros impuestos como el de sociedades.
- Vas a reinvertir parte de tus beneficios en el negocio.
- En algún momento vas a necesitar financiación externa del tipo que sea.
- Valoras la posibilidad de tener otros inversores o planeas vender la empresa algún día.

Elijas la forma que elijas, es importante entender bien no solo los pros y los contras de cada una de ellas, sino también las oportunidades y las limitaciones del tipo de negocio que estás pensando montar.

*** QUE NO SE TE OLVIDE**

La S. L. es la forma jurídica más común cuando montas una empresa desde cero, pero no la única. Como siempre, un buen asesor será tu mejor aliado para elegir la fórmula que más te conviene.

También es importante saber que, de ambas formas, si tienes el control de la sociedad o trabajas para ella, vas a seguir cotizando y siendo autónomo. Lo que pasa es que, si tienes una S. L., serás un **autónomo societario,** una forma jurídica que, como vamos a ver a continuación, tiene algunas particularidades.

DE AUTÓNOMO A AUTÓNOMO SOCIETARIO, NO HAY DESCANSO PARA EL GUERRERO

Uno de los temas más controvertidos cuando te lanzas a constituir una sociedad es el de si estás obligado a darte de alta o no como autónomo societario y el de si deberías cobrar los trabajos que hagas para la sociedad mediante factura o nómina, básicamente porque la legislación cambia bastante y algunos aspectos no acaban de estar claros.

GRANDES PALABROS DE LA HISTORIA FINANCIERA

Un **autónomo societario** es un trabajador por cuenta propia que ha constituido una sociedad mercantil.

Se parece bastante a un autónomo persona física, pero hay algunas diferencias administrativas, tributarias y, sobre todo, de responsabilidad que conviene conocer.

La diferencia más importante es que, en el caso de que haya deudas, el autónomo responde con todo lo que tenga, mientras que el autónomo societario respondería (en casi todos los casos) solo con lo que haya puesto en el negocio.

Por otro lado, la cuota mínima del autónomo societario es más alta que la del autónomo corriente y moliente —310 euros, para ser exactos, ya que la base mínima de cotización para este tipo de autónomos son 1.000 euros.*

Además, como veremos en el siguiente capítulo, solo podrás deducirte un 3 % en concepto de gastos genéricos para calcular la

* Datos correspondientes al año 2024.

base de cotización, en lugar del 7 % que se pueden restar los autónomos del montón.

Dependiendo de qué tipo de trabajo y qué funciones desempeñes en la empresa, tendrás que cobrar de una forma u otra, como vamos a ver enseguida.

Lo bueno es que, desde hace poco, los autónomos societarios también pueden acogerse a la tarifa plana de la Seguridad Social cuando empiezan. Realmente, no son los 80 euros del autónomo del montón, sino una reducción del 80 % sobre la base mínima de cotización. Después del primer año de actividad, se aplicarán las bonificaciones por tramos: un 50 % durante los siguientes seis meses y un 30 % en los últimos seis meses del segundo año.

¿QUIÉN TIENE QUE DARSE DE ALTA COMO AUTÓNOMO SOCIETARIO?

Según la normativa, deberías darte de alta como autónomo societario si tienes el control efectivo de la sociedad y, además, trabajas para la empresa.

Pero ¿qué se entiende por *control efectivo*?

1. Eres dueño, al menos, del 25 % del capital social, y realizas funciones de dirección y gerencia.
2. No asumes funciones de dirección o gerencia, pero tienes al menos el 33 % del capital social.
3. No desarrollas funciones de dirección o gerencia, pero, junto con tu familia, controlas por lo menos el 50 % del capital social. En *familia* se incluyen familiares de hasta segundo grado (incluido el cónyuge) que vivan bajo tu mismo techo.

En cualquier caso, para darte de alta como autónomo societario no basta con ser accionista o tener participaciones de una sociedad; además, debes trabajar para ella. Es decir, se tienen que dar las dos circunstancias:

1. Que seas dueño de una parte relevante de la empresa según los porcentajes que hemos visto antes.
2. Que trabajes para la empresa o realices funciones de dirección, gerencia o administración. Ojo, porque aunque no cobres, si, por ejemplo, tienes el cargo de administrador, aunque sea sin retribución, y tomas decisiones de dirección o gestión, también tienes que darte de alta como autónomo societario.

Y la última vuelta de tuerca: si tienes el control efectivo y eres administrador, pero solo de forma pasiva —es decir, la dirección y la gestión real del negocio las lleva otro—, no estarías obligado a cotizar como autónomo societario.

CON EL FISCO HEMOS TOPADO

Los socios de una empresa que tengan el control efectivo de esta y trabajen para la empresa, o realicen labores de dirección o gerencia, tendrán que darse de alta en el RETA como autónomos societarios.

Resuelto este acertijo, si te ves obligado a darte de alta como autónomo societario, todavía te queda por resolver otro misterio que nada tiene que envidiar al de Fátima: ¿cómo deberías cobrar por tus servicios a la empresa?

EL SUELDO DEL AUTÓNOMO SOCIETARIO, UN MISTERIO POR RESOLVER

Este es un tema controvertido y ha habido muchos cambios al respecto en los últimos años, por eso vamos a ver cómo está la cosa ahora mismo, para poder ir deshojando la margarita.

Básicamente, como autónomo societario habría dos formas (casi tres) de cobrar por las funciones que realizas en la empresa:

- Mediante factura con su correspondiente IVA.
- Mediante una nómina (casi) como un trabajador por cuenta ajena.

Esto tiene su guasa, porque, en ambos casos, incluso si cobras mediante nómina, estás obligado a cotizar como autónomo societario en el RETA y a pagar tus cuotas religiosamente.

En teoría, solo deberías cobrar mediante facturas si realmente realizas tus funciones de forma independiente de la empresa. Es decir, sin horarios establecidos, poniendo tú los medios, etcétera. Vamos, si realmente trabajas como un autónomo con las implicaciones que eso tiene, como, por ejemplo, las siguientes:

- Tus ganancias dependen en gran parte de cómo vaya el negocio o, lo que es lo mismo, no tienes un sueldo garantizado (o este es muy pequeño).
- Te puedes organizar como te dé la gana.
- Asumes la plena responsabilidad (ante deudas o daños) de tu trabajo.

Si no, en teoría, como tu trabajo estaría sometido a los criterios impuestos por la empresa y no lo realizarías de manera independiente, deberías cobrar con una nómina; y si aun así cobraras mediante factura, no tendrías que ponerle IVA y tributaría como rendimientos del trabajo en el IRPF en lugar de como rendimientos de las actividades económicas.

CON EL FISCO HEMOS TOPADO

Si realizas tu trabajo en la empresa de manera independiente:

- Deberías cobrar mediante facturas y repercutir el IVA.
- Tributarás en el IRPF como rendimientos de actividades económicas.

Pero si realizas tu trabajo de forma dependiente:

- Deberías cobrar mediante nómina.
- Si cobraras mediante factura, no deberías repercutir el IVA.
- Tributarás en el IRPF como rendimientos del trabajo.
- Tienes que seguir pagando las cuotas de autónomo societario en el RETA.

Para afinar un poco más el tiro, si estás dado de alta en el epígrafe de actividades profesionales en el IAE y tu actividad es la misma que la de la empresa, como un abogado que es socio de un despacho de abogados, tendrías que cobrar mediante facturas con IVA.

En la mayoría de los casos, lo normal es que cobres por nómina, pero hay que analizar cada caso en particular porque ya digo que Hacienda se puede poner pejiguera.

Lo bueno de este guirigay es que, desde no hace tanto, la empresa puede deducir los sueldos o las facturas de sus autónomos societarios para calcular el impuesto de sociedades. De hecho, en el ejemplo que puse unas páginas antes para comparar los impuestos de un autónomo societario y uno del montón, lo he hecho.

PARA NOTA

Antes de pasar al siguiente capítulo, te deberían haber quedado claros los siguientes conceptos:

- [ ] Tienes que entender bien el tipo de negocio en el que te estás metiendo y dónde reside el valor añadido.
    - Si el valor añadido lo pones tú como emprendedor con tu *expertise* y tu prestigio, se trata de un tipo de negocio que probablemente se preste bien al régimen del autónomo persona física.
    - Si el valor añadido se acumula y se genera en la empresa, normalmente tendrá más sentido constituir una sociedad mercantil.
    - Tu epígrafe del IAE ya te da una pista de por dónde van los tiros.
- [ ] La forma jurídica más común cuando uno decide constituir una sociedad es la S. L., pero no es la única.
- [ ] Aunque algunos negocios se prestan más a una forma jurídica que a otra, tienes la libertad para elegir la que te dé la gana, pero es importante que entiendas las diferencias conceptuales y los pros y los contras de cada una.
- [ ] La principal ventaja de una S. L. frente a un autónomo es que, si la cosa se pone fea, solo respondes con el dinero que hayas puesto en la empresa.
- [ ] La principal ventaja de un autónomo frente a una S. L. es que es mucho más fácil y más barato iniciar la actividad, y tiene menos obligaciones administrativas y fiscales.
- [ ] Sin embargo, en caso de daños y deudas, un autónomo persona física responde con todo su patrimonio (incluido el de su pareja, si están casados en régimen de gananciales).
- [ ] Una S. L. puede suponer un ahorro fiscal, pero no siempre. Hay que asesorarse bien.

PARA NOTA

- Si vas a reinvertir una parte significativa de tus beneficios en la empresa o tienes ya beneficios muy altos, una S. L. puede ser tu mejor opción.
- Constituir una sociedad siempre es más caro y conlleva más líos y obligaciones, aunque quizá puedas acogerte a la deducción por inversión en empresas de nueva o reciente creación.
- Si montas una S. L., puede que tengas que darte de alta como autónomo societario en el RETA.

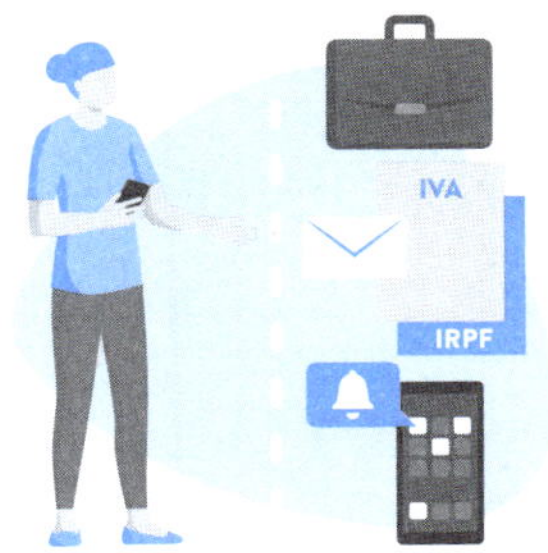

HACIENDA Y LA SEGURIDAD SOCIAL: LA FAMILIA QUE NO ELIGES

Si creías que los dilemas del trabajador por cuenta propia se acababan con la decisión de dejar el trabajo por cuenta ajena para darse a la vida *freelance* y con la elección de la forma jurídica que más te conviene, me temo que traigo malas noticias: la cosa no acaba ahí. Ni de lejos.

Y es que se jalea mucho eso de «ser tu propio jefe», pero, realmente, cuando trabajas por cuenta propia no es que no tengas jefe, es que tus jefes son unos entes todopoderosos mucho más maquiavélicos que el bueno de Darth Vader: la Agencia Tributaria y la Seguridad Social.

Este capítulo es, con diferencia, el más intenso del libro, pero, por desgracia, las bestias admnisitrativas a las que se enfrenta el autónomo son inmortales y le van a acompañar por siempre jamás. La única opción para sobrevivir dignamente es conocer sus entresijos al dedillo para tener una convivencia lo más pacífica posible.

Empecemos por lo gordo.

LA SEGURIDAD SOCIAL Y OTRAS PEREGRINACIONES A LOURDES

Conceptualmente, la Seguridad Social es la forma que tiene el Estado de protegernos en caso de que pasen ciertas cosas que pueden afectar a nuestros ingresos y que, en la mayoría de los casos, están fuera de nuestro control, como una enfermedad o un despido. Un poco como un seguro público.

Por eso se dice que cotizamos por *contingencias*, que es la forma oficial de decir *desgracias*. En concreto, la lista de apocalipsis laborales por los que cotizamos incluye:

- Contingencias comunes, como enfermedad, jubilación, viudedad, etcétera.
- Contingencias profesionales, como un accidente laboral.
- Desempleo, por si nos despiden, lo que, laboralmente hablando, equivale al fin del mundo tal y como lo conocemos.
- El Fondo de Garantía Salarial, más conocido como FOGASA, por si tu empresa quiebra y no puede pagarte el sueldo o la indemnización por despido.
- Formación profesional, para que puedas reciclarte y encontrar otro empleo si te quedas sin trabajo.
- Y, desde hace poco, se cotiza también para pagar el mecanismo de equidad intergeneracional de las pensiones, más conocido como MEI, que no es más que una forma de hacer hucha para que haya suficiente dinero en las arcas de la Seguridad Social para pagar las pensiones de los *baby boomers*, cuya jubilación en masa se acerca peligrosamente.

Los conceptos por los que cotizas por cuenta propia y ajena son prácticamente los mismos, salvando que, **en el caso de los autónomos, el desempleo se llama *cese de actividad* y que no hay que**

pagar la contribución al FOGASA puesto que la empresa eres tú y no tienes que autoindemnizarte.

De hecho, los porcentajes de cotización tampoco son tan diferentes. Lo que marca la diferencia entre lo que pagan unos y otros son dos detallitos nada baladíes:

- La empresa paga gran parte de la cuota de los trabajadores por cuenta ajena
- La base de cotización de los autónomos se calcula sobre los rendimientos netos, no sobre los ingresos brutos.

Veámoslo con calma.

La mayoría tenemos más o menos claro que la empresa se hace cargo de gran parte de las cotizaciones de los empleados por cuenta ajena, pero muchos no nos damos cuenta de la envergadura de lo que nos estamos ahorrando. Mientras la empresa se hace cargo de aproximadamente el 83 % de las cotizaciones de sus empleados, que solo tienen que pagar el 17 % de su bolsillo, los autónomos tienen que hacer frente al cien por cien de su cuota. Quién dijo miedo.

Esto significa que, si la base de cotización es de 1.260 euros, el autónomo pagará, en principio (luego veremos que no es exactamente así), una cuota de 393,12 euros al mes, mientras que, para la misma base, la empresa pagará 401,94 euros por su empleado, que solo tendrá que pagar de su bolsillo 81,27 euros al mes. Como veis, la diferencia no es moco de pavo.

Alguno pensará, con razón, que los autónomos están, por definición, condenados a la ruina desde el mismito día que se dan de alta. Pero estos números tienen algo de trampa, porque me he sacado de la manga lo de la base de cotización sin explicar qué es y para qué demonios sirve. *Mea culpa*.

Aunque sea un poco rollo —que lo es—, como es la cantidad que utiliza la Seguridad Social para calcular la cuota que tenemos que pagar cada mes, es importante dedicar un ratito a conocerla un poco mejor.

LA FÓRMULA MAESTRA

Cuota de la Seguridad Social = base de cotización × tipo de cotización

Esta formulita aparentemente tan inofensiva no deja lugar a dudas: cuánto tengamos que pagar a la Seguridad Social cada mes va a depender directamente de cuál sea nuestra base de cotización.

Además, como los trabajadores por cuenta propia tienen que pagar el cien por cien de su cuota, que la base sea más alta o más baja va a tener un impacto contante y muy sonante en nuestro bolsillo, por lo que conviene entender bien qué es y cómo se calcula.

GRANDES PALABROS DE LA HISTORIA FINANCIERA

La **base de cotización** es una estimación de la remuneración bruta mensual del trabajador.

Es decir, lo que se pretende con la base de cotización es tener una idea lo más aproximada posible de lo que se embolsa cada mes el trabajador antes de pagar impuestos.

En principio, para los empleados por cuenta ajena, podríamos pensar que la base de cotización es el salario bruto, pero no es exactamente así.

Primero, porque el salario bruto se puede pagar de varias formas (por ejemplo, en distinto número de pagas) y puede no incluir ciertas retribuciones en especie, las horas extras o las vacaciones sin disfrutar que tengas derecho a cobrar, que son conceptos que sí se tienen en cuenta en la base de cotización.

Y también porque hay conceptos que, aunque pueden aparecer en la nómina, no se incluyen en la base de cotización (o solo hasta un máximo), como las dietas, los gastos de transporte o la formación.

Además, hay una base mínima y una máxima para los distintos tipos de trabajador (once, ni más ni menos), por lo que, aunque la base de cotización depende del salario bruto mensual, puede no coincidir exactamente y, en algunos casos, no parecerse ni remotamente.

Para hacernos una idea, en 2024, la base máxima, tanto para empleados por cuenta ajena como para autónomos, es de 4.720,5 euros, lo que significa que, si nos va de lujo y ganamos 7.500 o —soñar es gratis— 12.300 euros al mes, cotizaremos como si ganáramos «solo» 4.720,5 euros.

Para facilitarnos un poco la vida, en el caso de los empleados por cuenta ajena, la base de cotización aparece explícitamente en la nómina. Solo hay que buscarla.

En el caso de los autónomos, ya nos podemos imaginar que la cosa se complica bastante y, encima, no solo tienes que pagar tú la cuota íntegra, sino que también te tienes que ocupar de hacer todos esos cálculos y esas gestiones tan ingratas que al empleado por cuenta ajena le hace la empresa.

*** QUE NO SE TE OLVIDE**

Hasta que se acabe el periodo transitorio en 2032, el autónomo puede decidir *motu proprio* qué base de cotización se quiere poner dentro de unos intervalos que dependen del dinero que gane.

Lo que pasa es que esto de «del dinero que gane» tiene truco porque, **para calcular la base de cotización de los autónomos, en lugar de usar los ingresos brutos, se utilizan los rendimientos netos.** Recordemos que la base de cotización pretende estimar los ingresos brutos del trabajador. Es decir, no se refiere al dinero que factura el negocio, sino al dinero que gana el autónomo personalmente. Dos cosas que se parecen lo mismo que la leche entera y la desnatada: hay que quitarle la grasa.

EL TRUCO DEL ALMENDRUCO

La base de cotización es una estimación de lo que gana el autónomo o empresario, no el negocio.

Por eso, porque lo que le interesa a la Seguridad Social es saber lo que gana el autónomo, no su negocio, la estimación no se hace en función de sus ingresos brutos, sino de los rendimientos netos.

Y aquí empieza el jolgorio léxico festivo que, mucho me temo, nos va a acompañar toda nuestra vida financiera. Si por mí fuera, volvería a redactar las webs de las Administraciones Públicas para que fueran más comprensibles, pero como no puedo autoerigirme en *copywriter* de Hacienda, voy a hacer todo lo posible para que se entienda. Vayamos por partes.

Esta diferencia en la forma de considerar los ingresos brutos para calcular la base de cotización se debe a que, como los trabajadores por cuenta ajena no tienen que pagar de su bolsillo los medios para hacer su trabajo, lo que les queda de su sueldo para su uso y disfrute es directamente lo que les paga la empresa.

En el caso de los autónomos, en cambio, lo que pagan sus clientes puede parecerse más bien poquito a lo que les queda a ellos a fin de mes, dependiendo de los gastos que tengan, que pueden ser enormes si, por ejemplo, tienen empleados.

Por eso, como **lo que pretende la Seguridad Social es asegurar los ingresos del trabajador en caso de que le pase algo para que pueda seguir cubriendo sus gastos domésticos, la cuota no se calcula en función de lo que le paguen sus clientes, sino en función de lo que le queda a él para costear su vida una vez descontados los gastos.**

LA FÓRMULA MAESTRA

Rendimiento neto = ingresos brutos – gastos deducibles

Y así, como quien no quiere la cosa, acabo de colar otro palabro sin avisar: *deducibles*.

Los **gastos deducibles** no son más que aquellos gastos que la Seguridad Social te deja restar de tus ingresos para calcular la base de cotización. Es decir, si la Seguridad Social no te deja restarlo, ese gasto no es deducible y no podrás detraerlo para calcular el rendimiento neto.

GRANDES PALABROS DE LA HISTORIA FINANCIERA

Un **gasto** es (fiscalmente) **deducible** cuando puede restarse de los ingresos brutos para calcular los impuestos.

Cuantos más gastos deducibles tengamos, menos cuota a la Seguridad Social y, como veremos enseguida, menos impuesto sobre la renta de las personas físicas (IRPF) pagaremos, por lo que para un autónomo es fundamental saber qué considera la Seguridad Social que es un gasto deducible y qué no.

De momento, vamos a dar una patada *p'alante*, porque la Seguridad Social deja la pelota en el tejado de Hacienda y considera gastos deducibles los que se apliquen según la normativa del IRPF.

Es decir, se suman a lo que diga la Agencia Tributaria. Pero como el día que redactaron esta norma se habían levantado generosos, para calcular la base de cotización, a lo que te salga de restarle a tus ingresos los gastos deducibles según Hacienda le puedes quitar un 7 % adicional en concepto de gastos genéricos.

Si no eres un autónomo sin más, sino que eres socio (mercantil o laboral) de una empresa, los famosos autónomos societarios, esta deducción por gastos genéricos será solo del 3 %.

LA FÓRMULA MAESTRA

Rendimientos netos SS = (ingresos brutos − gastos deducibles IRPF) × (1 − 0,07)

Volviendo a la diferencia entre los empleados por cuenta propia y ajena, cuando hablábamos antes de una base de cotización de 1.260 euros, para el empleado por cuenta ajena, esto equivaldría a un salario bruto aproximado de 1.260 euros mensuales, incluyendo la parte prorrateada de las pagas extras.

En el caso de un autónomo, en cambio, si sus ingresos brutos fueran 1.260 euros mensuales, a esta cantidad habría que restarle los gastos.

Si estos gastos fueran, por ejemplo, 400 euros al mes, el rendimiento neto mensual de dicho autónomo sería:

Ingresos brutos	1.260 €
Gastos deducibles	400 €
Gastos genéricos (7 %)	60 €
Rendimiento neto	**800 €**

Con esto, según la tabla de intervalos que se puede encontrar en la página web de la Seguridad Social, podría elegir una base de cotización de entre 849,67 euros y 900 euros.[1]

Si eligiera la mínima, la cuota de la Seguridad Social serían unos 262,61 euros mensuales, mientras que, si optase por la máxima, le tocaría pagar 280,80 euros en lugar de los 393,12 euros de los que hablábamos antes. Sigue siendo un pico, pero algo hemos mejorado gracias a que, **para los autónomos, la base de cotización no tiene en cuenta solo los ingresos, sino también los gastos de la actividad.**

EL TRUCO DEL ALMENDRUCO

Como la cuota mínima se puede poner muy cuesta arriba, los autónomos que acaben de empezar se pueden acoger el primer año a una tarifa plana bonificada por un importe mucho más reducido.

Quienes no llegan al salario mínimo, o tienen una discapacidad superior al 33 % o han sido víctimas de violencia de género o de terrorismo, se podrán acoger a esta tarifa plana hasta dos años.

Más allá de que la cuota de la Seguridad Social de un autónomo es un dineral, el proceso para calcularla tampoco es moco de

1. Datos de 2024. <https://www.seg-social.es/>.

pavo porque, por si todo esto no fuera lo suficientemente enrevesado, tenemos que hacerlo por adelantado, antes de saber realmente lo que vamos a ganar. Para no pillarse los dedos, es importante tener varias cosas en cuenta:

- Para elegir tu base de cotización y calcular la cuota mensual que vas a pagar, **cada año tendrás que hacer una estimación de los rendimientos mensuales medios que vayas a tener,** lo que implica que tendrás que prever no solo tus ingresos, sino también tus gastos para tener una estimación lo más ajustada posible de tus rendimientos netos.
- Si durante el año ves que esta estimación no se ajusta demasiado a la realidad, **puedes (y debes) ajustar tu cotización hasta seis veces.**
- Digo que deberías ajustar tu estimación a la realidad a lo largo del año porque, cuando hagas tu declaración de la renta, Hacienda pasará tus datos a **la Seguridad Social, que te va a hacer lo que se llama una *regularización*.** Esto significa que, con los datos de Hacienda, la Seguridad Social va a calcular lo que tendrías que haber cotizado ese año y **si resulta que has pagado de menos, te va a cobrar lo que falta de golpe.** Sumado al palo del IRPF, puede ser un tortazo de padre y muy señor nuestro.

*** QUE NO SE TE OLVIDE**

Es fundamental ajustar la estimación de tus rendimientos a la realidad a lo largo del año para no pegarte un susto de muerte con la regularización de tus cuotas. No te olvides de recordárselo a tu gestoría.

En caso de que hayas pagado de más, puedes o bien renunciar a la regularización y dejar las bases de cotización como estaban —lo que te dará derecho a más beneficios en el futuro—, o solicitar la devolución de lo que hayas pagado de más.

Vista la Seguridad Social, pasemos al siguiente infierno terrenal de cualquier autónomo que se precie: Hacienda.

EL IRPF O CÓMO EMPEZAR EL VERANO CON UNA MANO DELANTE Y OTRA DETRÁS

En términos legales, cuando trabajas por cuenta ajena, cotizas en el Régimen General de la Seguridad Social y declaras tus ingresos como rendimientos del trabajo en el Impuesto sobre la Renta de las Personas Físicas, más conocido en nuestras pesadillas como IRPF.

Lo bueno de este escenario es que la empresa, a cambio de quedarse con parte del valor y, por ende, del dinero que genera tu trabajo, se ocupa de casi todo. Además de hacer los pagos pertinentes a la Seguridad Social en tu nombre y en el suyo, también se encargará de retenerte el suficiente IRPF para que en junio la declaración no sea una tragedia griega.

Cuando trabajas por cuenta ajena, en cambio, tus ingresos ya no cotizarán como rendimientos del trabajo, sino como rendimientos de la actividad económica en el Régimen Especial de los Trabajadores Autónomos (RETA), según tu epígrafe del IAE. A cambio, podrás deducirte más gastos que un trabajador por cuenta ajena.

Aunque la ventaja obvia de trabajar por cuenta ajena es que te evitas mucho papeleo y mucho trasiego con las Administraciones Públicas, la diferencia más vital, y la que se lleva por delante las finanzas de muchos autónomos, es que, como hemos visto, cuando trabajas por cuenta propia, tus ingresos en cuenta no se parecen demasiado —y, a veces, casi nada— a tus ingresos reales.

GRÁBATELO A FUEGO

Cuando trabajas por cuenta propia, que lleguen ingresos a tu cuenta no significa que ese dinero sea (ni mucho menos) tuyo.

Ser consciente de esto es fundamental para profesionalizar las finanzas de nuestro negocio y sufrir menos cada trimestre, así que vamos a verlo con calma.

Básicamente, cuando trabajas por cuenta ajena, tus ingresos netos son tu salario bruto menos el IRPF y la Seguridad Social, salvando algunas cositas menores que te podrías deducir, pero lo normal es que no cambie demasiado la película.

Por eso mismo, porque es muy fácil estimar cuáles son tu base imponible y tu base de cotización, Hacienda y la Seguridad Social se encargan de ponerse de acuerdo con la empresa para quitártelo por adelantado mes a mes y que no te hagas ilusiones de que ese dinero es tuyo.

Pero ¿qué es esto de la base imponible que me acabo de sacar de la manga?

CON EL FISCO HEMOS TOPADO

La base imponible no es más que la parte de tus ingresos sobre la que vas a pagar impuestos.

Por eso, si trabajas por cuenta ajena, a no ser que tengas mucho lío fiscal —por ejemplo, si has vendido una casa, tienes un piso alquilado o te has sacado un pico con tus inversiones—, lo normal es que en junio la declaración te salga más o menos lo comido por lo servido, porque la empresa te habrá retenido aproximadamente el IRPF que tienes que pagar.

Cuando trabajas por cuenta propia, en cambio, tus ingresos brutos (o los de tu negocio) no tienen por qué parecerse ni lo más mínimo a tu base imponible (que ya hemos dicho que es la cantidad sobre la que se calcula el IRPF), por lo que la cosa se complica un poco (mucho).

Igual que cuanto más alta sea tu base de cotización más te tocará pagar a la Seguridad Social, cuánto más alta sea tu base imponible, más impuestos te va a tocar pagar, así que merece la pena ahondar un poco más en esto.

Para empezar, bases imponibles hay dos: la general y la del ahorro.

GRANDES PALABROS DE LA HISTORIA FINANCIERA

La **base imponible general** pretende gravar el dinero del que vives mes a mes, es decir, lo que ganas con tu trabajo, las rentas que recibes si, por ejemplo, tienes un piso alquilado, o, en caso de enfermedad o jubilación, la pensión que recibes del Estado o las cantidades que rescates de tu plan de pensiones privado.

Como ves, en la base imponible general entrarán casi todos nuestros ingresos, pero no todos, porque hay otro tipo de ingresos más esporádicos que te pueden llegar, por ejemplo, si vendes una casa o has hecho alguna inversión.

GRANDES PALABROS DE LA HISTORIA FINANCIERA

La **base imponible del ahorro** pretende gravar el dinero «extra» que te pueda llegar, normalmente, aunque no siempre, de manera excepcional, por operaciones como la venta de una casa o los rendimientos de tus inversiones, ya sean intereses o dividendos que vayas cobrando periódicamente o las ganancias —o pérdidas— que puedas tener cuando vendas alguna inversión.

De momento, la que nos interesa es la base imponible general, pero, como vimos en el capítulo anterior, los autónomos que decidan constituir una sociedad limitada tendrán que vérselas también con la base imponible del ahorro.

Antes de meternos en faena, un pequeño recordatorio: **saber cómo se calcula tu IRPF y estimarlo con un poco de criterio te va a venir fenomenal para tomar mejores decisiones, pero esto no significa que no necesites una gestoría o un asesor fiscal.**

GRÁBATELO A FUEGO

Si hay un gasto que siempre sale barato y siempre, repito, siempre compensa son las gestorías y los asesores fiscales.

Al lío entonces.

Lo primero que tenemos que saber es que hay tres formas de calcular el IRPF de los trabajadores por cuenta propia:

1. El régimen de estimación directa simplificada.
2. El régimen de estimación directa normal.
3. El régimen de estimación objetiva o por módulos.

Los **regímenes de estimación directa simplificada y normal** son hijos del mismo padre y, así a lo gordo, permiten calcular los impuestos que te va a tocar pagar en función de cómo —de bien o de mal— vaya tu negocio.

El **régimen de estimación objetiva o por módulos,** por su parte, es un primo lejano al que se pueden acoger solo cierto tipo de negocios, como comercios minoristas, cafeterías, bares, moteles, talleres de reparación y peluquerías o salones de belleza, entre otros. Además, para acogerse a este régimen hay que cumplir una serie de requisitos que cada vez se van endureciendo más.

EL TRUCO DEL ALMENDRUCO

Para saber si tu negocio se puede acoger al régimen de estimación objetiva o por módulos tendrás que mirar si tu IAE está incluido en la orden del Ministerio de Hacienda y Administraciones Públicas.[2]

La principal ventaja de la estimación por módulos es que simplifica mucho la gestión fiscal y contable del negocio, porque lo que hace Hacienda es calcular el IRPF que te va a tocar pagar en función de ciertas características de tu negocio (los famosos módulos), en lugar de hacerlo en función de cómo vaya el negocio en realidad.

Por ejemplo, si montas un bar y te acoges a este régimen, Hacienda calculará tus impuestos en función de la superficie del lo-

2. Orden HFP/1359/2023, de 19 de diciembre: <https://www.boe.es/buscar/act.php?id=BOE-A-2023-25882>.

cal, la longitud de la barra, el número de mesas y de empleados que tengas, la potencia eléctrica contratada, si tienes máquinas recreativas o no, etcétera. Con estos datos, Hacienda se hace una idea de lo que podría rendir tu bar y, después de aplicar algunas minoraciones y ciertas correcciones para tener en cuenta la población del municipio en el que está tu bar, si la actividad es estacional o si acabas de empezar, entre otras cosas, te dirá qué cuota te va a tocar pagar independientemente de cómo vaya luego el negocio.

*** QUE NO SE TE OLVIDE**

En el régimen de estimación objetiva, la base imponible se calcula en función de unos parámetros objetivos de tu negocio, no de los resultados que tengas.

Esto simplifica muchísimo el cálculo y la gestión, porque sabes desde un principio cuánto vas a pagar de IRPF, pero, en función de cómo vaya el bar realmente, te podrá salir mejor o peor que hacerlo por los regímenes de estimación directa.

Si, por ejemplo, tu bar es pequeño, pero está siempre hasta arriba, probablemente, esta forma de tributación te salga más a cuenta que el cálculo en función de tus ingresos y gastos reales; pero si el bar te va fatal y no entra ni Rita, puede que te salga peor.

*** QUE NO SE TE OLVIDE**

La tributación por módulos puede ser más cómoda y fácil de gestionar porque no depende de los números reales de tu negocio, pero no siempre es la más ventajosa.

Desde hace tiempo se viene rumoreando que se van a cargar este régimen, precisamente porque no está vinculado a los beneficios reales del negocio y se presta a ciertos chanchullos, pero la realidad es que todavía hay muchísimos autónomos tributando por el sistema de módulos. Veremos cómo acaba la historia. Entretanto, tu gestor o tu asesor fiscal es quien mejor puede decirte si te puedes acoger a este régimen y si te conviene o no.

Por cierto, de cara a calcular la base de cotización de los autónomos acogidos al régimen de módulos, el rendimiento neto y la cuota de la Seguridad Social también se calcularán de acuerdo con los susodichos módulos y no basándose en los ingresos y gastos reales.

Pasemos pues a los regímenes de estimación directa, que son los que se aplican a la inmensa mayoría de los autónomos.

GRÁBATELO A FUEGO

En los regímenes de estimación directa, la base imponible se calcula en función del rendimiento neto real (ingresos menos gastos deducibles) del negocio.

Aquí volvemos a toparnos con los famosos gastos deducibles que, ahora sí que sí, son los que nos vamos a poder deducir para pagar menos impuestos.

Recordemos que, en el caso de la tributación por módulos, como se calcula en función de los parámetros objetivos de tu negocio, no puedes deducir estos gastos, salvo algunas excepciones.

LA FÓRMULA MAESTRA

Base imponible en regímenes de estimación directa = ingresos − gastos deducibles

Para que Hacienda considere que un gasto es deducible, tiene que cumplir tres requisitos:

1. Estar vinculado a la actividad económica (difícilmente podrás deducir el gasto en esmalte de uñas a no ser que seas esteticista).
2. Estar justificado con su factura o su recibo correspondiente (cuidado, porque no siempre vale un simple recibo, una factura simplificada o un tique, mejor acostumbrarse a pedir siempre factura).
3. Estar registrado en los libros contables del autónomo.

Los dos últimos criterios son bastante evidentes y solo tendrás que encargarte de ser escrupuloso pidiendo facturas de todo y llevando los libros al día (tranquilos, hoy en día esto se puede hacer de forma digital), pero el primer criterio te puede dar más quebraderos de cabeza, sobre todo en caso de inspección.

Por eso es importante saber desde un principio qué significa eso de que los gastos estén vinculados o, como dice Hacienda, sean afectos a la actividad económica.

GRANDES PALABROS DE LA HISTORIA FINANCIERA

Se dice que un **bien o** un **gasto** es **afecto a la actividad económica** si se utiliza para la obtención de rendimientos de esa actividad, es decir, si lo usas para tu negocio o trabajo.

En principio, está muy claro: todos los gastos en los que incurras por tu negocio o trabajo estarán afectos a la actividad y podrás, teóricamente, restarlos de tus ingresos para calcular la base imponible.

Pero para que no nos llevemos a engaño, Hacienda —que al final es la que manda— considera gastos deducibles:

1. **Compras, variación de existencias y otros consumos de explotación.** Puedes deducirte todas las compras de materias primas, embalaje, material de oficina, piezas de repuesto, etcétera. Lo de la variación de existencias lo veremos más adelante, que no salten las alarmas.
2. **Sueldos y salarios,** pagas extraordinarias, retribuciones en especie, etcétera, de los empleados que tengas.
3. **Seguridad Social** a cargo de la empresa de tus trabajadores.
4. **Seguridad Social del titular de la actividad.** Por suerte, tu propia cuota de autónomo también es deducible de cara a calcular el IRPF.

*** QUE NO TE LA DEN CON QUESO**

El supuesto ahorro cuando optamos por una base de cotización más baja para reducir la cuota de la Seguridad Social es menor de lo que pensamos, porque nos podemos deducir las cuotas en el IRPF; es decir, cuanto más alta sea tu cuota, menos IRPF pagas. Teniendo en cuenta que una cuota mayor da lugar a más beneficios, no siempre compensa agarrarse a la mínima con uñas y dientes.

5. **Indemnizaciones** que te veas obligado a pagar a tus empleados, como por ejemplo por despido o jubilación anticipada.
6. **Dietas.** También podrás deducirte los gastos de manutención, alojamiento y transporte de tus empleados cuando tengan que desplazarse fuera de su lugar habitual de trabajo.

7. **Aportaciones a sistemas de previsión social,** como aportaciones en nombre de tus empleados a planes de pensiones de empleo, seguros de jubilación o similares.
8. **Otros gastos de personal.** También son deducibles los gastos de formación de tus empleados, las primas por seguros de vida o de accidentes, los regalos como cestas de Navidad (dentro de un orden) y los seguros de salud, tanto del empleado como de su cónyuge y sus hijos (hasta un límite).
9. **Gastos de manutención del contribuyente.** Aunque hablaremos de esto un poco más a fondo enseguida, como autónomo también te puedes deducir tus gastos de viaje y dietas, mientras no superen los límites diarios estipulados por la ley.
10. **Gastos de formación.** Siempre y cuando estén relacionados con la actividad empresarial o profesional, también son deducibles. Por desgracia, ese curso de sevillanas con el que llevas soñando varios meses no es deducible, a no ser que trabajes en un tablao flamenco.
11. **Arrendamientos y cánones.** Según Hacienda, este epígrafe englobaría todos los gastos originados por el alquiler de bienes muebles o inmuebles, así como las cantidades satisfechas por el derecho de uso de patentes, marcas y demás gastos de la propiedad industrial. Se incluyen también los arrendamientos financieros, como *leasings* o *rentings* que podamos tener.

GRANDES PALABROS DE LA HISTORIA FINANCIERA

La diferencia entre un **bien mueble o inmueble** es, ni más ni menos, que se pueda mover. Mientras que un bien mueble, como una máquina, puede trasladarse y seguir cumpliendo su misma función, un bien inmueble, como un edificio, no puede cambiarse de emplazamiento.

12. **Suministros.** Si tienes una oficina o un local podrás deducir todos los gastos de agua, electricidad, etcétera. Para los que trabajan en casa, como vamos a ver más adelante, la cosa se complica un poco.
13. **Reparaciones y gastos de conservación,** como gastos de mantenimiento, repuestos y adaptación de bienes materiales. No se incluyen los que supongan una ampliación o mejora, ya que se consideran inversiones amortizables en varios años. Tranquilidad en la sala, esto de la amortización también lo veremos en detalle más adelante.
14. **Servicios de profesionales independientes:** honorarios de economistas, abogados, auditores, notarios, así como las comisiones de agentes comerciales o mediadores independientes. Los gastos de asesoría legal, contable y otros servicios profesionales que tengas que contratar también son deducibles.
15. **Otros servicios exteriores:** gastos en investigación y desarrollo, transportes, servicios bancarios, publicidad, relaciones públicas, suministros de telefonía y otros gastos de oficina no incluidos en los conceptos anteriores.
16. **Primas de seguros,** como seguros de enfermedad, de responsabilidad civil, de vehículos y otros seguros vinculados a la actividad.
17. **Tributos fiscalmente deducibles,** como el impuesto de bienes inmuebles (IBI), el IAE, y otros tributos y recargos. Ojo, porque no serán deducibles ni las sanciones ni los recargos de apremio o por presentar fuera de plazo las declaraciones de Hacienda, ni claro está, el IRPF, que es lo que estamos calculando.
18. **El IVA soportado** solo será deducible cuando no sea desgravable a través de la declaración de IVA, es decir, para aquellos que no presenten declaraciones trimestrales de IVA y, por tanto, no tengan derecho a deducirse las cuotas soportadas. Este sería el caso de los que se dedican a actividades exentas de IVA, como, por ejemplo, los médicos.

QUE NO SE TE OLVIDE

A no ser que tu actividad esté exenta de IVA y no hagas las declaraciones trimestrales, en el IRPF solo te puedes deducir los gastos sin IVA, básicamente para que no te lo deduzcas dos veces.

Es decir, si has pagado una factura de 121 euros de los que 21 euros correspondían al IVA, para el IRPF la cantidad deducible son 100 euros, no 121.

19. **Gastos financieros,** como intereses de préstamos y créditos, gastos de descuento de efectos, recargos por aplazamiento de pago de deudas, intereses de demora de aplazamientos de los pagos a Hacienda. No se incluirán los que se deriven de la utilización de capital propio. En otras palabras, no puedes pagarte intereses por lo que tú inviertas en la empresa o en el negocio.
20. **Amortizaciones.** Veremos qué son y cómo se calculan en los siguientes capítulos.
21. **Provisiones, pérdidas por insolvencia de deudores y gastos de difícil justificación** dentro de los límites establecidos por la ley.
22. **Incentivos al mecenazgo y otros conceptos fiscalmente deducibles,** como la adquisición de libros y suscripciones de revistas, y las cuotas a cámaras y otras asociaciones empresariales.

Para que no haya lugar a dudas, la AEAT también tiene una **lista expresa de gastos no deducibles,** como las multas, las pérdidas de juego, las donaciones, las operaciones con personas o empresas residentes en paraísos fiscales, o ciertos gastos y operaciones con personas o entidades vinculadas.

Teóricamente, si nos ceñimos a estas listas no deberíamos tener problema para deducirnos ningún gasto, pero hay dos casos en los que Hacienda se puede poner pejiguera.

EL MUNDIALMENTE CONOCIDO «PIDE LA FACTURA, QUE LO METO COMO GASTO»

En principio, te puedes deducir tanto los gastos de desplazamiento como los hoteles y los gastos de manutención (comidas y cenas) que tengas cuando viajes o te desplaces a otro lugar por motivos laborales, pero solo si eres capaz de acreditar que se trata de gastos de trabajo. Por eso, si tienes estos gastos todos los días o los fines de semana, te va a costar que Hacienda acepte su deducción.

> **VERDADES INCÓMODAS**
>
> Uno de los gastos que más sospechas levanta son las comidas de trabajo. Lo ideal es que apuntes en cada factura con quién has comido, de qué empresa es y el motivo de la comida.

Cuando se trate de gastos de viaje, en general, no debería haber problemas, siempre y cuando el viaje sea fuera del municipio donde trabajas habitualmente. Por desgracia, no se pueden descontar las dietas en tu barrio.

Aunque cumplas con todos los requisitos, las dietas y los gastos de viaje que te puedes deducir tienen los siguientes límites:

- 26,67 euros diarios (48,08 euros en el extranjero) si no pasas la noche fuera.
- 53,34 euros diarios si duermes fuera en España.
- 91,35 euros si duermes en el extranjero.[3]

3. Datos de 2024. <https://sede.agenciatributaria.gob.es/>.

Atención, porque **solo son deducibles los gastos que hayas pagado por medios electrónicos, como tarjeta de crédito, y de los que tengas factura. Hacienda ha anunciado que reforzará su vigilancia sobre este tipo de gastos, por lo que hay que tener cuidado.**

LOS GASTOS CON DOBLE VIDA

Ahora vamos a hablar de los gastos en bienes y servicios que puedes utilizar tanto en tu vida profesional como en tu vida privada. En palabros de la administración, esto se llama *afectación parcial*, porque son bienes y servicios que no utilizas exclusivamente en tu trabajo, y con los que Hacienda se puede poner muy puntillosa a la hora de deducir los gastos.

Básicamente, lo que quiere Hacienda es saber exactamente qué parte de ese bien o servicio utilizas en tu vida profesional y qué parte en tu vida privada, por lo que, si te lo quieres deducir en la declaración, lo tienes que poder justificar.

Repasemos los casos más típicos.

1. **Local u oficina en una vivienda privada.** Si alquilas un local o una oficina para tu trabajo, no hay problema: con darte de alta con el modelo 036 o 037 es suficiente y podrás deducirte todos los gastos asociados, como la hipoteca, el seguro, los suministros, etcétera. Pero si tienes tu oficina o local en tu casa, la cosa se complica un poco. Lo primero que tendrás que hacer es notificarlo a Hacienda con los mismos formularios (036 o 037), poniendo el porcentaje de la vivienda que está dedicado a la actividad. Por ejemplo, si tienes el despacho en una habitación de la casa de 13,5 metros cuadrados y tu casa tiene 90 metros cuadrados, puedes «afectar» un 15 % de los gastos de la vivienda a la actividad económica.

Si alquilas, la cosa se pone todavía un poco más cuesta arriba, porque necesitarás que tu casero te haga dos facturas diferenciadas, ya que la parte profesional del alquiler debe llevar IVA. Además, Hacienda puede pedir que tengas contadores separados de agua o luz para la parte profesional y la privada, por lo que el casero te puede poner pegas.

2. **Suministros.** En cuanto a los suministros (agua, luz, internet…), puedes deducirte el 30 % de la parte proporcional que está «afectada» a la actividad. Volviendo al ejemplo anterior, en el que un 15 % de la casa estaba dedicada a la actividad, podrías deducirte un 15 % × 30 % = 4,5 % de las facturas de agua, luz, etcétera.
3. **Teléfono móvil.** Esto Hacienda lo tiene clarinete. Para poder deducir el gasto de móvil tienes que tener dos líneas diferenciadas, una para uso profesional y otra para uso personal. No queda otra.
4. **Gastos de vestuario.** En principio, solo es deducible el gasto en ropa específica de trabajo, como uniformes, ropa de protección o prendas con el logo de la empresa. Si eres artista, quizá puedas deducirte algo más, pero fácil, lo que se dice fácil, no te lo van a poner.
5. **Coche y gastos asociados.** Esta es gorda porque, en principio, solo puedes deducir los gastos de tu coche si te dedicas a actividades en las que claramente el vehículo es una herramienta de trabajo fundamental, como en el caso de taxis, transportistas, repartidores, mensajeros, autoescuelas o agentes comerciales y representantes que, por definición, están todo el día en la carretera. Es decir, en aquellos casos en los que no hay duda de que el coche, la furgoneta o la moto son una herramienta de trabajo y la afectación a la actividad es total.

   Para el resto de los autónomos, me temo que demostrar la afectación total es muy muy difícil. Tendrías que demostrar que tienes otro coche para fines personales, registrar el kilometraje y los desplazamientos realizados por trabajo y llevar una agenda de visitas a clientes o proveedores. Si tienes el coche rotulado con el logo de tu negocio, también ayuda, pero sigue siendo muy complicado que Hacienda te deje deducir los gastos del coche en el IRPF. En cualquier caso, no perdamos la esperanza porque quizá puedas deducir algo en la declaración de IVA, como veremos en el siguiente epígrafe.

Siguiendo con el IRPF, hasta ahora hemos hablado todo el rato de gastos deducibles, es decir, de los gastos que puedes descontar de tus ingresos para calcular tu base imponible, pero hay otro tipo de gastos que son desgravables, aunque no deducibles. Bonito trabalenguas, lo sé, pero ahora va a quedar claro.

GRANDES PALABROS DE LA HISTORIA FINANCIERA

Un **gasto** es **desgravable** cuando se trata de deducciones específicas o créditos fiscales que se aplican sobre la cuota a pagar.

Para que nos entendamos, aunque *deducible* y *desgravable* muchas veces se utilizan indistintamente, siendo puristas, los gastos deducibles se restan de tus ingresos para calcular tu base imponible, mientras que los desgravables te pueden valer para reducir la cuota que te ha salido al aplicar el tipo a la base imponible. O, lo que es lo mismo, los gastos deducibles se restan para calcular qué cantidad pagar y los desgravables pueden reducir esta cantidad.

Veámoslo con un ejemplo. Si tuvieras unos rendimientos netos de 1.000 euros y te dieras cuenta de que se te ha olvidado incluir un gasto deducible de 100 euros, lo que harías sería restarlos para calcular la base imponible y luego aplicar el tipo, pongamos que un 20 %, para calcular el IRPF (1.000 – 100 = 900 × 20 %) de manera que te saldrían 180 euros a pagar. Si esos 100 euros fueran desgravables en lugar de deducibles, primero calcularías la cuota (1.000 × 20 % = 200 euros) y luego le restarías los 100 euros desgravables, con lo cual te saldrían 100 euros a pagar en lugar de 180.

Además, los gastos deducibles están siempre relacionados con la actividad económica, mientras que los gastos desgravables pueden no estar directamente relacionados con la misma. Para que un gasto sea desgravable, debe cumplir los siguientes requisitos:

- Estar contemplado en la normativa fiscal.
- Estar justificado documentalmente.
- Ser contabilizado de forma correcta.

Adicionalmente a las desgravaciones estatales y autonómicas que todo trabajador del montón se puede aplicar si cumple los requisitos (por adquisición de vivienda habitual, por donativos, etcétera), en Canarias, el autónomo también podrá aplicarse deducciones por nuevas inversiones en activos fijos relacionados con su actividad (veremos qué es un activo fijo en los siguientes capítulos).

Vistos los gastos deducibles y desgravables, pasaríamos a calcular lo que nos va a tocar apoquinar.

VERDADES INCÓMODAS

El IRPF es un impuesto progresivo: el que más gana, más paga.

Para aplicar esta progresividad y que paguen más los que más ganan, lo que se hace es aplicar un tipo diferente para cada tramo de ingresos de manera que, a lo que te salga de base imponible general, se le aplicará un porcentaje por tramos que va desde el 19 % hasta el 47 %[4] si ganas más de 300.000 euros al año. Dependiendo de la Comunidad Autónoma, los tipos de cada tramo pueden variar un poco.

Esto no significa que vayas a pagar el 47 % de todo lo que ganes, sino solo sobre la parte que exceda esos 300.000 euros. Los primeros 12.450 euros tributarán al tipo mínimo del 19 %; de 12.450 a 20.199 euros, el 24 %, y así sucesivamente hasta que a partir de 300.000 euros se te aplique el máximo.

Si nos fuera de lujo y tuviéramos una base imponible de 350.000 euros, por ejemplo, solo pagaríamos el 47 % sobre los últimos 50.000 euros y, en total, pagaríamos 149.900 euros de IRPF que corresponde aproximadamente a un 43 % de la base imponible como se ve en la tabla.

Tramos	Tipo	IRPF
Hasta 12.450 €	19 %	2.366 €
12.450 €-20.199 €	24 %	1.860 €
20.200 €-35.199 €	30 %	4.500 €
35.200 €-59.999 €	37 %	9.176 €
60.000 €-299.999 €	45 %	108.000 €
300.000 €-350.000 €	47 %	23.500 €
Total a pagar de IRPF		**149.402 €**

Si en lugar de 350.000 eurazos tuviéramos unos rendimientos netos de 39.000 euros (recordemos que no hablamos de ingresos, sino de ingresos menos gastos deducibles), el cálculo sería el siguiente:

4. Datos de 2024. <https://sede.agenciatributaria.gob.es/>.

Tramos	Tipo	IRPF
Hasta 12.450 €	19 %	2.366 €
12.450 €-20.199 €	24 %	1.860 €
20.200 €-35.199 €	30 %	4.500 €
35.200 €-39.000 €	37 %	1.406 €
Total de IRPF a pagar		**10.132 €**

Aunque el tipo más alto que se aplicaría sería un 37 %, al ser un impuesto por tramos, el tipo medio que acabaríamos pagando sería un 26 %. Sigue siendo un pico, pero algo hemos mejorado.

Ahora ya sabemos lo que nos va a tocar pagar, pero todavía nos queda ver cuándo tenemos que pagarlo.

Para evitar que junio se convierta en el desembarco de Normandía, porque, como hemos visto, las cantidades pueden ser importantes, la AEAT va a ir reteniendo parte de nuestros ingresos en cada factura para que en junio no duela tanto. La cosa funciona así: de cada factura en la que aplique retención de IRPF, tu cliente, en lugar de pagarte todo a ti, le adelantará parte de tu IRPF a Hacienda.

Lo importante es saber en qué casos tenemos que aplicar esta retención en nuestras facturas y en qué casos no. Para eso, tenemos que volver a nuestro viejo conocido: el IAE. Una vez más, que tengamos que aplicar o no retención en nuestras facturas va a depender del epígrafe (o epígrafes) en el que nos hayamos dado de alta.

CON EL FISCO HEMOS TOPADO

En función del epígrafe del IAE en el que nos hayamos dado de alta tendremos que aplicar o no retención de IRPF en nuestras facturas.

Recordaréis que una de las diferencias entre las actividades empresariales y las profesionales y artísticas era precisamente que, en las actividades empresariales, lo que facturemos puede no tener nada que ver con lo que nos quede para nuestro bolsillo al final. Por eso, los autónomos que estén dados de alta en el epígrafe de actividades empresariales no tienen que aplicar retenciones de IRPF en sus facturas, básicamente porque la AEAT no puede estimar qué rendimientos netos va a tener el autónomo en función de lo que facture.

Por eso, en lugar de aplicar directamente la retención en la factura, lo que tendrán que hacer aquellos registrados en actividades empresariales es una declaración trimestral de IRPF en función de sus ingresos y gastos deducibles para ir pagando el IRPF escalonadamente a lo largo del año y que la declaración en junio no sea un palo inasumible.

CON EL FISCO HEMOS TOPADO

Si nos hemos dado de alta en la sección de actividades empresariales, no tenemos que aplicar retención de IRPF en nuestras facturas, pero tendremos que hacer declaraciones trimestrales de IRPF.

Los autónomos que estén dados de alta en los epígrafes de actividades profesionales o artísticas, por su parte, lo tendrán un poco más fácil y podrán aplicar la retención del IRPF en sus facturas para que sean directamente los clientes los que vayan adelantando esas cantidades a Hacienda en su nombre.

Como norma general, la retención que hay que aplicar es un 15 % del importe de la factura. En general, llamamos base imponible al total facturado y, sobre esta base, calcularemos el IVA y la retención de IRPF como en el siguiente ejemplo:

Base imponible	100 €
IVA (21 %)	21 €
Retención de IRPF (15 %)	–15 €
Total	**106 €**

Para ayudar a los nuevos autónomos, durante los tres primeros años de su actividad (el año en que se dan de alta y los dos siguientes) podrán aplicar una retención reducida del 7 % siempre y cuando no hayan estado dados de alta en ninguna actividad económica durante los doce meses anteriores a este último alta.

Además, los autónomos dados de alta en actividades relacionadas con el arte y la cultura, como, entre otros, escritores, guionistas, restauradores de obras de arte, escultores, artesanos y pintores, también podrán aplicar una retención reducida del 7 %.

Por último, hay algunas actividades en estimación objetiva por módulos y otras, como las actividades forestales, ganaderas y agrícolas, que pueden practicar unas retenciones reducidas (1 % o 2 %) en sus facturas.

QUE NO SE TE OLVIDE

Cuando te des de alta en el IAE es importante enterarse bien de qué retenciones estás obligado a practicar en tus facturas en función de tu epígrafe.

Si el 70 % o más de tus facturas llevan retención de IRPF, no tendrás que presentar la declaración trimestral de IRPF. Pero, ojo, porque aquí hay un pequeño escollo.

EL TRUCO DEL ALMENDRUCO

Las facturas que emitas a clientes particulares no pueden llevar retención.

Básicamente, porque los clientes particulares no hacen declaraciones por retenciones. Si más de un 30 % de tus clientes son particulares o están en otros países y, por lo tanto, no hacen declaración de retenciones de IRPF, como no podrás incluir la retención en tus facturas, tendrás que hacer declaración trimestral de IRPF sí o sí y, a partir del rendimiento neto que te salga, te aplicarán una retención de IRPF del 20 %.

QUE NO SE TE OLVIDE

Cuando haces una declaración trimestral de IRPF, cualquier que sea tu rendimiento neto ese trimestre (ingresos – costes deducibles), se te aplicará siempre un 20 % de retención.

Esto de las retenciones y las declaraciones trimestrales no afecta a lo que vas a acabar pagando de IRPF, simplemente es una forma que tiene Hacienda de ir cobrando el IRPF por adelantado para que en junio no sea un dramón.

Luego, cuando hagas tu declaración anual, en función de lo que te hayan ido reteniendo en las facturas y las declaraciones trimestrales, la declaración te saldrá a pagar, si no te han retenido lo suficiente, o a devolver, si te han retenido de más.

Teniendo en cuenta que el tipo mínimo es del 19 %, a nada que ganes más de 12.450 euros, una vez deducidos los gastos, lo normal es que salga a pagar y, si ganas mucho, puede ser una cantidad significativa, por lo que te conviene tener los números en mente para que no te pille por sorpresa. Recordemos que el 19 % es el tipo impositivo mínimo y que el 15 % es la retención que se practica, y no es lo mismo.

CON EL FISCO HEMOS TOPADO

La retención a aplicar por defecto (15 %) es inferior al tipo mínimo (19 %) porque la retención se calcula sobre los ingresos sin tener en cuenta los gastos deducibles que puedas tener, mientras que el tipo impositivo se aplica a tus rendimientos netos, incluyendo gastos, y Hacienda no te quiere retener de más.

Veámoslo con un ejemplo para que quede bien claro. Imaginemos un autónomo que ha facturado 20.000 euros a empresas y a otros autónomos, y 30.000 euros a clientes particulares.

En los 20.000 euros que ha facturado a personas jurídicas (la forma oficial de llamar a las empresas y a los autónomos), debería haber practicado unas retenciones del 15 % en las facturas; es decir, estas empresas le habrán pagado a Hacienda 3.000 euros en su nombre.

Como la parte que ha facturado a particulares representa más del 30 % de su facturación, en concreto un 60 %, este autónomo habrá hecho declaraciones trimestrales de IRPF. Si sus gastos deducibles han sido 15.000 euros, en las trimestrales le habrán retenido la siguiente cantidad:

Ingresos	50.000,00 €
Gastos deducibles	−15.000,00 €
Rendimiento neto	**35.000,00 €**
Retención de IRPF (20 %)	7.000,00 €
Retención practicada en las facturas	−3.000,00 €
Total de IRPF a retener	**4.000,00 €**

Llegada la declaración anual de IRPF, al rendimiento neto de 35.000 euros se le aplicarían los tramos que hemos visto antes, lo que nos daría el siguiente resultado:

Tramos	Importe	Tipo	IRPF
− €	12.450 €	19 %	2.366 €
12.450 €	20.199 €	24 %	1.860 €
20.200 €	35.000 €	30 %	4.440 €
35.200 €	− €	37 %	− €
60.000 €	− €	45 %	− €
300.000 €	− €	47 %	− €
Total de IRPF a pagar		**25 %**	**8.666 €**

Como ya le habían retenido 7.000 euros (3.000 euros en las facturas y 4.000 euros en las declaraciones trimestrales), el resultado de la declaración anual le saldría a pagar 1.665 euros (los 8.665 euros menos lo que ya le habían retenido).

Este caso no es particularmente dramático, pero cuanto más ganes y más se aleje tu tipo impositivo medio del 15-20 % que te retiene Hacienda, más importante es tener claro en todo momento cuánto te va a tocar pagar de más en la declaración anual.

EL TRUCO DEL ALMENDRUCO

La forma más práctica de evitar disgustos es tener una cuenta separada para los pagos a Hacienda, ir calculando cada trimestre cuál sería tu declaración menos las retenciones que te han ido practicando e ir ingresando la diferencia en esa cuenta para que no creamos que ese dinero es nuestro y lo gastemos en otras cosas.

No es física cuántica, pero hay que ser meticuloso. **Para ahorrarte líos y cosas que no cuadran, a final de año lo ideal es pedir a tus clientes un certificado de retenciones para comprobar que las cantidades que han retenido y declarado coinciden con lo que tú vas a declarar.**

Despachado el IRPF, lo que nos queda está chupado. No desfallezcamos ahora.

EL IVA, CUANDO «LA OTRA» ERES TÚ

Se dice que el IVA es un impuesto indirecto porque, en lugar de gravar los ingresos, como el IRPF, es un impuesto al gasto o, mejor dicho, al valor añadido y el que lo tiene que pagar es el cliente final, normalmente un consumidor particular.

Como pedir a los particulares que hagan una declaración cada vez que compran algo sería una locura, la AEAT utiliza a los proveedores de estos bienes o servicios, las empresas y los autónomos, para que hagan el trabajo sucio de recaudación.

De la misma manera, cuando nuestros clientes nos retienen el IRPF de las facturas y se lo pagan directamente a Hacienda, realmente también le están haciendo el trabajo de recaudación a la AEAT. Con el IVA pasa lo mismo.

CON EL FISCO HEMOS TOPADO

Aunque el IVA grava el consumo y lo tienen que pagar los consumidores finales de esos productos o servicios, la AEAT utiliza a las empresas y a los autónomos para recaudarlo.

Esto significa que, cuando haces la declaración de IVA, Hacienda no te está cobrando a ti, sino que simplemente te está pidiendo que le ingreses lo que has recaudado de tus clientes en su nombre. En otras palabras, **ese dinero nunca fue tuyo.**

Lo bueno es que las empresas y los autónomos también consumen productos y servicios que llevan IVA y, para evitar gravar el IVA dos veces, como autónomo, al hacer la declaración trimestral, te puedes descontar el IVA que has pagado del que has recaudado.

Lo acabo de mencionar de pasada, pero, por si las moscas, lo repito: **hay que hacer trimestralmente la declaración de IVA con el modelo 303.**

EL TRUCO DEL ALMENDRUCO

Tu declaración de IVA será el resultado de restar todo el IVA que has pagado a tus proveedores del IVA que has recaudado a tus clientes.

A veces, cuando tú estás ya adquiriendo bienes y servicios, pero todavía no estás facturando grandes cantidades, la declaración de IVA te puede salir negativa, pero lo normal es que Hacienda no te devuelva el dinero tal cual, sino que te lo guarde para compensarlo cuando tengas una declaración positiva en el futuro. Conseguir que la AEAT te devuelva el IVA contante y sonante no es tarea fácil y lleva bastante tiempo. No contaría con ello.

GRANDES PALABROS DE LA HISTORIA FINANCIERA

El IVA que cobras a tus clientes se llama **IVA repercutido,** mientras que el IVA que te cobran a ti tus proveedores se llama **IVA soportado.**

Lo normal es que todas las facturas de un autónomo lleven IVA, pero hay algunos casos especiales, dependiendo del tipo de servicio o producto y del régimen del fiscal del autónomo, en los que las facturas no llevarán IVA.

Además, dependiendo del tipo de servicio o producto que vendas y de tu epígrafe del IAE, el IVA a aplicar será uno u otro:

- **General (21 %).** Es el tipo por defecto y se aplica a la mayoría de las ventas de bienes y servicios.
- **Reducido (10 %).** Aplicable a ciertos bienes y servicios de uso cotidiano, como algunos alimentos, transportes, renovaciones y reparaciones de viviendas, entre otros.
- **Superreducido (4 %).** Se aplica a bienes de primera necesidad, como productos básicos de alimentación, libros, revistas y medicamentos.

En cualquier caso, **los tipos y las exenciones de IVA aplicables varían bastante, así que conviene estar al día y consultar con un asesor ante cualquier duda.**

Por otro lado, también hay actividades que están directamente exentas de IVA como las siguientes:

1. **Actividades específicas,** como servicios educativos, asistenciales, sanitarios y culturales. Para saber si tu actividad se engloba o no en este grupo, tendrás que consultar la normativa básica del IVA en la página de la AEAT o consultar con un asesor fiscal. Cabe destacar que las operaciones financieras y de seguros tampoco están sujetas a IVA.[5]
2. **Operaciones intracomunitarias,** como cuando prestas servicios o vendes productos a empresas o profesionales de otros países de la Unión Europea. Para poder emitir este tipo de facturas sin IVA tienes que estar dado de alta en el Registro de Operadores Intracomunitarios (ROI). Cuidado, porque en ciertos casos tendrás que aplicar el IVA del país de destino. Como siempre, ante la duda, lo mejor es consultar con un asesor.
3. **Exportaciones.** Las ventas de bienes a países que no son de la Unión Europea están exentas de IVA.
4. **Regímenes especiales.** Existen ciertos regímenes especiales dentro del IVA, que pueden cambiar las obligaciones de algunos autónomos.

Ojo, porque si tu actividad está exenta de IVA no podrás deducir ni pedir la devolución del IVA soportado. Como vimos cuando hablamos del IRPF, lo que sí se puede hacer es deducirse el IVA soportado (el pagado a los proveedores) en la declaración del IRPF. Menos da una piedra.

Cabe mencionar que los autónomos que coticen con el régimen objetivo o por módulos pueden acogerse a un régimen simplificado de IVA.

---

5. <https://sede.agenciatributaria.gob.es/Sede/normativa-criterios-interpretativos/impuestos-otros-tributos/impuesto-sobre-valor-anadido.html>.

EL TRUCO DEL ALMENDRUCO

Si tu actividad está exenta de IVA, como no harás declaración trimestral, no podrás deducir ni pedir la devolución del IVA soportado en las facturas de tus proveedores. Lo bueno es que, de ser así, al deducir esos gastos en el IRPF podrás meter también el IVA para reducir la cantidad a pagar de IRPF.

Además, está previsto que en 2025 entre en vigor un nuevo régimen especial para los autónomos que ganen menos de 85.000 euros (aunque la cantidad está todavía por confirmar y podría ser menor), que podrían no cobrar IVA en sus facturas (y tampoco deducirse el de los proveedores), lo que simplificará bastante el papeleo. Además, al no tener que añadir el IVA, el precio de los productos o servicios será más competitivo, lo que puede ayudar a aumentar las ventas. Se llamará IVA *de franquicias*, pero habrá qué ver cómo y para quién se concreta al final. Estaremos atentos.

QUE NO SE TE OLVIDE

Las facturas que emitas deben cumplir ciertos requisitos, como, entre otros, identificar al emisor y al receptor, indicar claramente la base imponible, el tipo de IVA aplicado, la retención de IRPF (si se aplica) y el total de la factura.

Como comentábamos antes, un truco para no creernos que el IVA es nuestro es ir transfiriéndolo periódicamente a una cuenta aparte. Sobre todo para aquellos autónomos que tengan un margen alto en las ventas de sus productos o servicios (lo que significa que tendrán bastante más IVA repercutido que soportado), para que cuando llegue el momento de hacer la declaración, ya tengamos ese dinero señalado con el nombre de «Hacienda» a buen recaudo.

Un error común de muchos autónomos es hacer los cálculos de precios, márgenes y rentabilidad de sus productos o servicios incluyendo el IVA, sin darse cuenta de que están incluyendo unos ingresos que no son suyos y que simplemente están recaudando para hacerle un favor a Hacienda.

VERDADES INCÓMODAS

Cuando analicemos costes, ingresos o cualquier otro aspecto financiero de nuestra empresa, tenemos que utilizar las cantidades sin IVA.

Pero volvamos atrás un segundo. Algunos párrafos más arriba he hablado de «transferir el IVA de cada factura que emitas», no de cada factura que cobres.

Parecerá un detallito sin importancia, pero es que a Hacienda le da igual si has cobrado tus facturas o no, lo que le importa es si has prestado el servicio o vendido el producto en cuestión. Esto es lo que se llama *principio de devengo* y, aunque te va a complicar la vida mucho más de lo que puedas imaginar, es fundamental para entender las finanzas de un negocio, así que vamos con ello.

DEVENGANDO, QUE ES GERUNDIO

Grosso modo, existen dos métodos contables: el de caja y el de devengo.

El **criterio de caja** significa que registramos las cosas que pasan en nuestra empresa o negocio, las ventas que hacemos, los costes en los que incurrimos, etcétera, dependiendo de cuándo entre o salga el dinero de la caja. De ahí su nombre.

Es decir, si, por ejemplo, hacemos una reforma para un cliente y este tarda seis meses en pagarnos, según el criterio de caja no reconoceríamos ese ingreso hasta el momento del cobro. De primeras, puede parecer lo prudente, ¿para qué apuntarnos un dinero que todavía no tenemos?

El problema es que, probablemente, los costes de la reforma (materiales, personal, etcétera) sí que los habremos tenido que pagar. Si hicieras las cuentas te saldría que has tenido muchos gastos y ningún ingreso y cualquiera que mirara los números de tu negocio pensaría que es el negocio menos rentable de la historia, cuando a lo mejor realmente va a ser una reforma muy lucrativa para ti y el negocio va mejor que nunca, porque has cerrado muchas ventas.

Para evitar estas dos realidades paralelas —unos números que no cuentan la verdadera historia de la empresa—, lo que se utiliza es el **principio de devengo,** que es bastante más lioso, pero da más y mejor información sobre lo bien o lo mal que va el negocio.

Por eso, aunque a los autónomos de a pie nos puede descalabrar el bolsillo en ocasiones, es el método que se aplica por defecto en España y en muchos países.

¿Y qué dice el principio de devengo?

GRANDES PALABROS DE LA HISTORIA FINANCIERA

El **principio de devengo** indica que los gastos y los ingresos se registran cuando ocurren.

Es decir, si tú has hecho la reforma para tu cliente, tienes que reconocer ese ingreso aunque todavía no lo hayas cobrado o, lo que es más, aunque no hayas ni emitido la factura.

Aunque contablemente es un pitote porque tienes que diferenciar la fecha de devengo, la fecha de emisión y la fecha de pago de una misma factura, la imagen que te da del negocio es mucho más real y mucho más útil para sacar conclusiones y tomar decisiones.

Y por el lado de los gastos, igual. Si tu proveedor ya te ha entregado la mercancía o prestado el servicio para el que lo has contratado, ese coste se registra en los libros aunque ni siquiera te haya mandado la factura todavía.

Veremos esto con más detalle cuando nos metamos de lleno con los números del negocio, pero, para lo que nos ocupa ahora, el principio de devengo significa que tendrás que pagar el IVA de tus facturas aunque no las hayas cobrado.

Y, lo que es peor, cuando llegue la hora de hacer la declaración del IRPF, también tendrás que incluir todas las facturas del ejercicio, independientemente de que las hayas cobrado o no.

Si acabas por no cobrar nunca, podrás reclamar esa cantidad, pero en principio tendrás que pagar impuestos por cantidades que todavía no has recibido. De película de terror.

VERDADES INCÓMODAS

Si tus clientes no te pagan al contado, puedes tener que pagar impuestos sobre tus facturas, tanto IVA como IRPF, antes de cobrarlas.

Como no todo van a ser desgracias, lo mismo se aplica a las facturas de tus proveedores, de manera que puedes deducir el IVA en la declaración trimestral aunque todavía no hayas pagado la factura.

Para simplificar la vida a los pequeños negocios, desde hace unos años, Hacienda permite a algunos autónomos acogerse al régimen especial de criterio de caja, que permite calcular sus impuestos según el método de caja en lugar del de devengo.

Para poder acogerte a este régimen, tu facturación no puede superar los dos millones de euros y no puedes tener un cliente que te genere más de 100.000 euros anuales.

Aunque en teoría la gran mayoría de los autónomos podrían acogerse a este régimen aparentemente más sencillo, la realidad es que no son muchos los que se han animado a dar el paso por varias razones.

Para empezar porque tienes que especificar en las facturas que estás acogido al régimen especial del criterio de caja y tus clientes, aunque no estén acogidos a este régimen, tampoco podrán descontarse el IVA hasta que hayan pagado la factura, lo que puede suponerles un trastorno e incluso llevarles a optar por otro proveedor.

Además, cuando presentes las declaraciones trimestrales de IVA, aunque hagas el cálculo utilizando el método de caja, también tienes que presentar a título informativo el cálculo según el método de devengo. Es decir, vamos a tener que vérnoslas con el método de devengo sí o sí.

Te acojas al régimen que te acojas, además de las trimestrales, tendrás que presentar una declaración anual de IVA con el modelo 390. Aunque solo se trata de una declaración infomativa que resumirá los datos de las declaraciones trimestrales que hayas ido presentando, es obligatorio hacerla.

Además, si compras o vendes bienes o servicios a otros países de la Unión Europea también tendrás que presentar el modelo 349 que recoge todas las operaciones intracomunitarias. Si el total de tus operaciones intracomunitarias supera los 50.000 euros mensuales, tendrás que presentarlo todos los meses. Si no, trimestralmente.

Por último, otro modelo que no se nos puede olvidar si le facturas más de 3.005,06 euros a un cliente o le compras más de esa cantidad a un solo proveedor, es el modelo 347 que es el modelo que utiliza la AEAT para cruzar datos. Es decir, si tienes operaciones por más de ese importe con algún proveedor o cliente, Hacienda comprobará que las cantidades que hayáis declarado cada uno sean las mismas. Hay que presentarlo en febrero y la multa por no hacerlo puede ser morrocotuda.

Con esto, ya solo nos queda una tontería para cerrar este capítulo monstruoso. Vamos a por ello.

LOS GASTOS DEL COCHE: NO TODO VAN A SER DESGRACIAS

Como hemos visto, cuando te das a la vida *freelance*, deducir del IRPF los gastos de compra, *leasing*, *renting* o mantenimiento de un vehículo es misión casi imposible, a no ser que nos dediquemos a algo para lo que claramente el coche, la furgoneta o el vehículo del que se trate sea una herramienta fundamental y necesaria. Por suerte, en el caso del IVA, la normativa es algo más clara y hay más posibilidades de incluirlo.

Distingamos dos casos:

1. **Afectación total del vehículo a la actividad económica.** Si has conseguido demostrar ante Hacienda que solo utilizas el coche para el trabajo y te permite deducir los gastos para el IRPF, también podrás deducir el cien por cien del IVA soportado en tus declaraciones de IVA.
2. **Afectación parcial del vehículo a la actividad económica.** Si, por el contrario, el uso de ese vehículo es parcial, se admite una deducción de hasta el 50 % del IVA de los gastos asociados a dicho vehículo, incluidos los gastos de compra y mantenimiento, combustible, revisiones de ITV, peajes, *parking* y gastos de estacionamiento regulado. Pero, cuidado, porque este 50 % no es universal. Si te hacen una inspección y la Administración decide que utilizas el coche para temas de trabajo menos del 50 % del tiempo, te pueden reducir ese porcentaje en

proporción o incluso concluir que no te puedes deducir nada. Más vale ser prudente y solo imputar el IVA en una proporción que puedas demostrar.

Y ahora, sí que sí, redoble de tambores, porque ya nos hemos despachado el mayor muerto de este libro. A partir de ahora es todo cuesta abajo. Palabrita.

PARA NOTA

Francamente, si has llegado hasta aquí sin desfallecer, puedes darte una palmadita en la espalda y respirar tranquilo, porque lo peor ya ha pasado. Pero, antes de darle carpetazo definitivamente, asegúrate de que te han quedado claros los siguientes conceptos:

- ❑ Tienes claro que cotizarás en el RETA y tributarás en el IRPF por rendimientos de las actividades económicas en lugar de por rendimientos del trabajo.
- ❑ Entiendes que te va a tocar pagar la cuota íntegra de la Seguridad Social y sabes cómo calcular tu base de cotización y estimar la cuota que deberías pagar para que no llegue la sangre al río con la regularización.
- ❑ Sabes que, en general, tendrás menos cobertura en caso de accidente, desempleo, etcétera, pero que puedes compensarlo con seguros privados.
- ❑ Tienes claro qué gastos te puedes deducir y cuáles no para la Seguridad Social, el IRPF y el IVA.
- ❑ Sabrías más o menos calcular lo que te va a tocar pagar de IRPF, descontando las retenciones en tus facturas y las declaraciones trimestrales.
- ❑ Entiendes la diferencia entre el método de devengo y el de caja, y cómo te puede afectar cada uno tanto en la declaración de IVA como en la de IRPF.
- ❑ Te ha quedado claro que, en lo que a la AEAT respecta, el coche es un tema espinoso.

CÓMO SABER SI TU NEGOCIO TE VA A HACER RICO

Despachado el rollo erótico-administrativo, vamos con lo interesante: los números del negocio. Estos números deberíamos hacerlos antes de empezar. Aunque muchos se lanzan al abismo sin más que un par de garabatos en una servilleta, es un ejercicio tan útil y que nos puede ahorrar tantos disgustos que realmente debería ser obligatorio.

En cualquier caso, nunca es tarde para hacer unos números en condiciones, así que, aunque ya estemos en pleno fregado, merece la pena intentarlo, porque pueden arrojar mucha luz sobre los vericuetos más oscuros de nuestro negocio y ayudarnos a gestionarlo mejor.

Lo primero que querremos saber es si nuestro negocio es rentable, es decir, si nos va a dar beneficios. Y lo ideal sería saberlo antes de tirarnos a la piscina sin manguitos. Cuesta creer cuántos negocios que no son rentables siguen dando tumbos y perdiendo dinero por ahí.

Lo bueno es que, aunque nuestro negocio dé pérdidas, hacer y entender estos números nos va a ayudar a buscar soluciones y a ponerlo en la senda de la rentabilidad. *Win-win*.

Pero antes de ponernos manos a la obra, una advertencia: los números que vamos a hacer aquí son para nuestro propio análisis del negocio, por lo que pueden no coincidir exactamente con los que haga el gestor o asesor para presentar oficialmente o para calcular los impuestos y otras obligaciones legales.

Es decir, que aprendamos a hacer estos números y a analizarlos, no nos convierte en contables ni será suficiente para presentar las cuentas oficiales, pero nos ayudará a entenderlas y a detectar errores o cosas que no cuadren. Repite conmigo:

GRÁBATELO A FUEGO

Ahorrar en gestoría y asesoría nunca es la solución.

EMPEZAR LA CASA POR EL TEJADO

Para saber si nuestro negocio es rentable o no, lo que tenemos que hacer es la *cuenta de resultados,* también conocida como cuenta de pérdidas y ganancias, PyG para los amigos, o P & L (de *profit* & *loss*), para los que quieran codearse con los *startuperos* de Silicon Valley.

Podríamos pensar que, para saber si nuestro negocio es rentable o no, tampoco hay que complicarse tanto la vida: si queda dinero en la cuenta a fin de mes, será que no vamos tan mal. Nada más lejos de la realidad.

Que quede dinero, incluso si es mucho, no quiere decir necesariamente que nuestro negocio sea rentable a medio o largo plazo, ni que le estemos sacando el máximo partido. Por la misma regla de tres, que un negocio esté dando pérdidas, sobre todo al principio, no significa que no pueda llegar a ser un imperio multimillonario. Y si no, que se lo pregunten a los Bezos y Zuckerberg de la vida.

Lo importante es saber de dónde viene el dinero, qué partes son las que nos están dando la rentabilidad o, en caso de que las cosas no vayan tan bien, dónde está el pozo sin fondo que se está comiendo nuestros beneficios. Y, para eso, nuestra cuenta de resultados nos va a dar una información clave.

Lo bueno de nuestra amiga, la cuenta de PyG, es que puede resumirse en una ecuación que, de puro fácil, da hasta apuro ponerla en un recuadro.

LA FÓRMULA MAESTRA

+ Ingresos
– costes
= beneficios

Lo bonito de esta fórmula es que ya sabemos por dónde tenemos que empezar: por arriba o, lo que es lo mismo, por los ingresos. Luego iremos descontando los costes poco a poco hasta llegar al beneficio neto. Vamos con esa primera línea de nuestra cuenta de resultados entonces.

VENDER O NO VENDER, ESA ES LA CUESTIÓN

Antes de meternos de lleno en la parte más financiera del asunto, una advertencia que se lleva por delante a muchos emprendedores primerizos, incluida la que suscribe.

Y es que hay una razón de peso para que las ventas sean la primera línea de nuestra cuenta de resultados: si no vendes, por muy bien que hagas todo lo demás, tu negocio no va a sobrevivir. Y punto.

VERDADES INCÓMODAS

Si trabajas por cuenta propia, te guste o no, te va a tocar vender.

Y la triste realidad es que a muchos de los que nos lanzamos a la vida *freelance* no nos gusta vender o, peor, se nos da mal, o nos da apuro, o pensamos que nuestro producto o servicio es tan increíble que los clientes se van a agolpar en nuestra puerta sin tener que hacer nada.

No nos engañemos, hasta que los números del negocio nos permitan contratar a un buen comercial, nos guste o no, como emprendedores vamos a tener que vender. Y no solo a nuestros clientes, también a los bancos si queremos que nos den pasta, a los empleados que queramos embaucar para que trabajen para nosotros, a posibles inversores... La lista es larga.

Las buenas noticias son que a vender, como a todo en esta vida, se aprende. Además, nadie va a vender tu producto o servicio con más pasión que tú y lo bueno es que, ahora mismo, hay muchas técnicas y canales de venta que nos pueden ahorrar la puerta fría.

Podemos hacer cursos, leer libros sobre técnicas de persuasión, preguntar a nuestros amigos con experiencia comercial o contratar a un *coach* para vencer la timidez, pero, al final, para vender hay que salir al mercado. Si te vas a quedar con una cosa de este libro que sea esta: **no retrases el momento de salir a vender.** No te imaginas la cantidad de emprendedores que posponen el momento de salir a vender con excusas como que el logo no está perfecto o que a la web le falta una pestaña. Pamplinas.

Se puede —y se debe— empezar a vender desde antes casi de tener un producto o servicio que ofrecer. El *feedback* que vas a obtener por el camino es oro puro y te va a dar muchas pistas de si vas por el camino adecuado o si deberías replantearte ciertas cosas. Al final, de lo que más se aprende es de los errores. Cuanto antes empieces a equivocarte, mejor.

GRÁBATELO A FUEGO

Cuanto antes salgas a vender, aunque ni el producto ni la empresa estén rematados, mejor.

Los *startuperos* de Silicon Valley han aprendido esto a base de pegarse tortazos millonarios y, para evitar dormirse en los laureles, se han sacado un concepto muy molón de la manga: el *minimum viable product* (MVP o producto mínimo viable).

GRANDES PALABROS DE LA HISTORIA FINANCIERA

El **producto mínimo viable** (MVP, por sus siglas en inglés) es un prototipo del producto o servicio que quieres lanzar, con las funciones mínimas que te permitan probar si despierta el interés de tus clientes potenciales.

Esta es la forma de decirte que salgas al mercado con lo mínimo minimísimo, que no te entretengas en desarrollar hasta el último detalle de tu producto o servicio, ni te esperes a tener un catálogo completo o la imagen de marca más molona del mercado. O, lo que es lo mismo, que salgas a vender cuanto antes. Tu negocio lo agradecerá.

Dicho esto, vamos a hacer números.

DESGLOSA COMO SI NO HUBIERA UN MAÑANA

Para hacer una previsión de ventas como mandan los cánones, lo ideal es empezar por la unidad mínima, es decir, por el producto o servicio. Si tuviéramos una tienda *online* de camisetas, por ejemplo, haríamos una línea por cada modelo y distinguiríamos entre unidades y precio.

Y aquí viene el primer punto importante:

EL TRUCO DEL ALMENDRUCO

En la cuenta de PyG, todas las cantidades van sin IVA.

Simple y llanamente porque, como vimos en el capítulo anterior, el IVA no es nuestro, sino que lo estamos recaudando en nombre de Hacienda. Así que para calcular nuestros ingresos pondremos el precio sin IVA, no el PVP (Precio de Venta al Público).

Las previsiones de ventas de nuestra tienda *online* de camisetas podrían ser algo como esto:

		Ene	Feb	Mar	Abr	May	Jun	Jul	Ago	Sep	Oct	Nov	Dic	Total año
Camiseta 1	Unidades	10	15	20	30	100	75	75	50	40	30	10	10	465
PVP 19,90	Precio	16,45 €	16,45 €	16,45 €	16,45 €	16,45 €	16,45 €	9,87 €	16,45 €	16,45 €	16,45 €	16,45 €	16,45 €	15,90 €
	Ventas	**164,46 €**	**246,69 €**	**328,93 €**	**493,39 €**	**1.644,63€**	**1.233,47 €**	**740,08 €**	**822,31 €**	**657,85 €**	**493,39 €**	**164,46 €**	**164,46 €**	**7.154,13 €**
Camiseta 2	Unidades	25	20	15	10	10	10	10	10	100	75	50	100	435
PVP 25,99	Precio	21,48 €	21,48 €	21,48 €	21,48 €	21,48 €	21,48 €	21,48 €	21,48 €	21,48 €	21,48 €	21,48 €	17,18 €	21,12 €
	Ventas	**536,98 €**	**429,59 €**	**322,19 €**	**214,79 €**	**214,79 €**	**214,79 €**	**214,79 €**	**214,79 €**	**2.147,93 €**	**1.610,95 €**	**1.073,97**	**€ 1.718,35 €**	**8.913,93 €**
Total unidades		35	35	35	40	110	85	85	60	140	105	60	110	900
Precio medio unidad		20,04 €	19,32 €	18,60 €	17,70 €	16,90 €	17,04 €	11,23 €	17,29 €	20,04 €	20,04 €	20,64 €	17,12 €	18,00 €
Total ventas		701,45 €	676,28 €	651,12 €	708,18 €	1.859,42 €	1.448,26 €	954,88 €	1.037,11 €	2.805,79 €	2.104,34 €	1.238,43 €	1.882,81 €	16.068,06 €

Aunque es muy simple, esta tabla ya nos da bastante información.

Por un lado, vemos que las dos camisetas tienen una estacionalidad distinta (probablemente porque una es de manga corta y la otra de manga larga) y, además, vemos que hay momentos en el año en que se venden con descuento (rebajas estacionales o promociones especiales).

GRANDES PALABROS DE LA HISTORIA FINANCIERA

La **estacionalidad** de un producto se refiere a los diferentes cambios y etapas que experimentan las ventas a lo largo del año, en función de la estación y de la temporada.

No todos los productos tienen una estacionalidad muy marcada, pero los hay que sí y es importante tenerlo en cuenta. Lo bueno es que, a medida que el negocio vaya cogiendo solera, podremos deducir los **patrones de estacionalidad** de los datos reales del pasado y usarlos para nuestras previsiones.

A partir de las ventas de la camiseta 1, podríamos calcular el siguiente patrón de estacionalidad, viendo qué porcentaje de las ventas totales del año se hace cada mes:

Ene	Feb	Mar	Abr	May	Jun	Jul	Ago	Sep	Oct	Nov	Dic	Total
2 %	3 %	4 %	6 %	22 %	16 %	16 %	11 %	9 %	6 %	2 %	2 %	100 %

Si queremos aumentar las ventas del año siguiente un 20 % —pasar de 465 a 558 unidades vendidas—, para desglosar las ventas por meses solo tendríamos que aplicar esos porcentajes.

También es importante distinguir las ventas sin descuento de las ventas con descuento para analizar la efectividad de las promociones que hagamos (solo tiene sentido hacer descuentos si consigues aumentar el volumen de ventas significativamente) y deducir el precio real de nuestro producto para ver si solo vendemos cuando hacemos **promociones,** algo que es muy frecuente en ventas *online*.

VERDADES INCÓMODAS

Por mucho que digas que tu curso *online* tiene un precio de 150 euros, si solo lo vendes cuando sacas promociones al 50 %, el precio real de tu producto son 75 euros.

Los 150 euros te valen como reclamo publicitario, pero no son el precio real de tu producto.

Con esto no quiero decir que las promociones no tengan sentido, sino que, para saber si son eficaces, tenemos que tener claro el objetivo.

Las promociones pueden servir, por ejemplo, para influir en la estacionalidad del producto. El objetivo de las rebajas de temporada, sin ir más lejos, es acabar con el inventario aumentando las ventas en un mes en el que de otra manera serían más bajas. Poca gente iría a comprarse un abrigo en enero si no estuviera rebajado. También podemos utilizar promociones y ventas especiales para animar las ventas en periodos que suelen ser más lentos.

En otro tipo de negocios, como muchos servicios o ventas al por mayor, tiene más sentido definir las ventas en función de los clientes, los canales de venta o las distintas zonas geográficas, en lugar de en función de los productos.

A medida que vayamos rodando, lo ideal es tener todos los datos desglosados al máximo (hasta talla y color, si hace falta) y agregarlos de una manera u otra dependiendo de la información que más nos interese en cada momento. La idea es elegir siempre la forma de clasificar los datos que nos dé la información más útil para la decisión que estemos barajando.

Para un negocio de servicios de limpieza a empresas, por ejemplo, tendría sentido organizar las ventas por el tamaño de los clientes, puesto que un edificio entero de oficinas tendrá precios muy distintos a los de un local. Si vemos, por ejemplo, que son más rentables las cuentas de grandes clientes, podríamos invertir más en *marketing* y ventas para captar ese tipo de cliente o, al contrario, si vemos que hay un nicho en las pymes en el que hay menos competencia.

Calculando las ventas a partir del número de clientes o unidades y del precio podemos ver la efectividad de nuestras estrategias de precios o ventas.

*** QUE NO SE TE OLVIDE**

Una **estrategia de ventas** comprende todas aquellas medidas destinadas a aumentar el número de unidades vendidas o clientes captados, mientras que una **estrategia de precios** va encaminada a aumentar la facturación variando el precio de los productos o servicios.

Separar las unidades o clientes del precio y distinguir entre las dos estrategias tiene más chicha de lo que parece, porque hace hincapié en dos elementos que van a definir la viabilidad de tu negocio:

1. El tamaño del mercado.
2. El precio que puedes poner a tu producto.

Por mucho que tu producto sea la pera limonera, si el mercado al que te diriges es muy pequeño, el número de unidades que vas a poder vender será implícitamente pequeño y limitará lo que pueda llegar a facturar tu negocio.

Los inversores profesionales y los analistas miramos esto con lupa cuando evaluamos el potencial de una empresa. Lo que queremos saber son tres cosas:

- Cómo de grande es el mercado total de ese producto o servicio, lo que en la jerga *startupera* se llama ***total adressable market*** (TAM, mercado total). Si, por ejemplo, tu producto está orientado a un tipo de cliente muy específico (gente zurda que lleve gafas y hable polaco), ya sabemos que el mercado potencial no será muy grande comparado, por ejemplo, con el mercado de Duolingo, que es básicamente todo el «mundo mundial». Quién no quiere aprender un idioma hoy en día.
- Una vez que conozcamos el tamaño total del mercado, lo que nos gustaría saber es qué parte (o porcentaje) de ese mercado podemos atacar con nuestra empresa, más conocido en Palo Alto y alrededores como ***serviceable addressable market*** (SAM, mercado que podemos servir). Es decir, por mucho que el TAM del pan sea inmenso (básicamente, todo hijo de vecino, menos las personas con celiaquía y la gente esa tan *healthy* que se pasea por Instagram apio crudo en mano), si lo que tú vas a montar es una panadería en un pueblo de Cuenca, el número de clientes al que podrás llegar se reduce muchísimo. Normalmente, el TAM y el SAM se diferencian, sobre todo, por la zona geográfica que puedes abarcar con tu negocio. Para negocios como Duolingo, que dan servicio a nivel global, el TAM y el SAM son prácticamente el mismo.
- Por último, lo que vamos a analizar es qué parte de ese SAM podemos conquistar con nuestro negocio a corto o medio plazo siendo realistas o, como diría Zuckerberg, cuál es nuestro ***serviceable obtainable market*** (SOM, mercado que podemos conseguir). Esto dependerá de lo grande que sea nuestra panadería,

de si está en una calle concurrida, de la cantidad de pan que podamos producir, de la competencia que haya, etcétera. Cuanto más escalable sea nuestro negocio, más parte del SAM podremos conseguir.

En la presentación para inversores que hizo Airbnb cuando empezaron, por ejemplo, decían que el TAM de su mercado (el total del sector viajes) era de 1,9 billones de dólares, de los cuales la parte de viajes *online* y viajes baratos, su SAM puesto que no iba a competir con las cadenas hoteleras de lujo, era de 532 millones de dólares, de los que estimaban que podían captar con su modelo de negocio innovador unos 10,6 millones de dólares en los primeros años, su SOM.

Analizando nuestros TAM, SAM y SOM podemos hacernos una idea del volumen de ventas que podemos aspirar a captar a medio plazo. Lo que nos llevaría al precio.

Otro error muy común entre los emprendedores es pensar que el precio de su producto o servicio lo ponen ellos... Ni en tus mejores sueños, querido autónomo.

VERDADES INCÓMODAS

El precio de tu producto o servicio lo pone el mercado.

Otra cosa es que tú tengas que adivinarlo. Por desgracia, el mercado no habla y tendremos que ser nosotros los que averigüemos por nuestros propios medios qué precio están dispuestos a pagar nuestros clientes por nuestro producto.

Luego podemos poner un precio por debajo del de mercado para captar más clientes más rápido, o por encima, para quitarnos de encima clientes menos interesantes, desde luego. Pero la clave está en entender que el precio no lo ponemos nosotros, sino esa mano invisible que es la intersección entre la oferta y la demanda.

Nuestra labor, en este sentido, es más la de un investigador que tiene que resolver un misterio. Para ello podemos estudiar a la competencia, hacer un análisis de mercado o, directamente, ir probando, pero, al final, lo crucial es entender que el precio no lo vas a decidir tú para que los números te salgan bien. Lo puedo decir más alto, pero no más claro: **el precio lo marca el mercado.**

Como ves, aunque al final las ventas serán solo una línea de nuestra cuenta de resultados, tienen mucha más enjundia de lo que parece. Y lo que nos queda.

DEVENGANDO, QUE ES GERUNDIO

Como hemos dicho por activa y por pasiva, en general, la AEAT nos obliga a seguir el principio de devengo cuando hacemos nuestros números. ¿Qué significa eso? Que cuando hablemos de ventas en nuestra cuenta de PyG, tendremos que poner las ventas que hemos hecho independientemente de si el cliente ha pagado o no, o de si ya hemos emitido la factura.

EL TRUCO DEL ALMENDRUCO

Se dice que una venta está devengada cuando has entregado el producto o prestado el servicio.

Es decir, si ya le has prestado el servicio a tu cliente, pero se te olvida emitir la factura hasta el mes siguiente, esa venta iría en el mes en el que le has prestado el servicio, no en el que has emitido la factura ni tampoco cuando te pague.

Y, al contrario, si un cliente te paga por adelantado, esa venta se mete en el mes en el que le entregues el producto o le prestes el servicio, no cuando te pague.

Si, por ejemplo, cobras un *fee* fijo anual o tienes un negocio de suscripción, cada mes reconocerías solo la parte proporcional de ese mes, independientemente de que el cliente te lo pague de golpe.

Salvado este pequeño escollo, vamos con los costes.

MARGEN BRUTO, EL PADRE DE TODOS LOS ÍNDICES DE RENTABILIDAD

La siguiente línea de nuestra cuenta de pérdidas y ganancias sería el coste de los bienes vendidos, más conocido por sus siglas en inglés, COGS *(cost of goods sold).*

GRANDES PALABROS DE LA HISTORIA FINANCIERA

El **coste de los bienes vendidos** (COGS) es el coste de todos los gastos (material, mano de obra, suministros, etcétera) implicados directamente en la producción del producto o servicio.

Volviendo a nuestro negocio de camisetas, serían los costes de producción de esas camisetas: la tela, el hilo, los salarios del personal que las cose (lo que se llama mano de obra directa), etcétera, pero no incluiría los costes de administración, el alquiler del local o los salarios de los empleados que no intervengan en hacer las camisetas (lo que se llama mano de obra indirecta).

Lo importante es darse cuenta de que cuántas más camisetas vendas, más costes de este tipo tendrás y, al revés, si vendes menos, tendrás menos costes de los bienes vendidos (COGS), mientras que lo que le pagues a tu personal administrativo, por ejemplo, no variará.

Si se tratara de un servicio, incluiría las horas de las personas involucradas directamente en prestar ese servicio, sin olvidarnos de la Seguridad Social a cargo de la empresa, las bonificaciones que les paguemos a nuestros empleados, etcétera.

Si subcontratáramos parte de la producción o del servicio a otros proveedores, esos gastos también se incluirían en el coste de los productos vendidos.

CUANDO EL COSTE DE TU PRODUCTO ERES TÚ

Como autónomos del montón, no estamos obligados a hacer una cuenta de PyG en condiciones (las S. L. sí lo están), y, además, como lo que nos queda a nosotros es el rendimiento neto menos la Seguridad Social y los impuestos, lo normal es que en nuestros números no salga un detallito nada baladí: el **coste de nuestro trabajo.**

Incluso si hemos decidido constituir una S. L., a no ser que decidamos cobrarle escrupulosamente a nuestra empresa por nuestra dedicación, separando las tareas de administración y gestión de las que están directamente involucradas en la producción de nuestro bien o servicio, lo normal es que el coste de nuestra propia mano de obra no esté bien reflejado en el coste de los bienes vendidos.

Si la empresa es grande y nos dedicamos a una actividad empresarial, esto puede no ser muy relevante, porque probablemente no intervengamos directamente en la producción de nuestros productos o servicios, pero para cualquier autónomo que se dedique a actividades profesionales o artísticas, este dato es clave, puesto que uno de los recursos más escasos y más caros de nuestro negocio seremos nosotros mismos.

Es un poco más de trabajo y solo lo vas a hacer para tu uso y disfrute, pero yo te recomendaría que lleves un registro escrupuloso de tus horas y a qué labor, cliente o producto se las dedicas, porque te puede abrir mucho los ojos para ver realmente de dónde viene el dinero (o adónde se va) y poder priorizar.

En mi caso, por ejemplo, de todas las cosas que hago como *freelance* —escribir libros, dar charlas y conferencias, cursos *online*, formaciones para empresas, etcétera—, una de las más rentables es la formación para empresas, no porque sea la que me da más dinero, sino porque es la que menos tiempo me roba, ya que en su mayoría se trata de talleres *online* que puedo hacer sin quitarme el pantalón del pijama. Por supuesto, cobro bastante más por dar una conferencia presencial que por un taller *online*, pero si sumo el tiempo que pierdo en desplazamientos, la preparación de una charla específica para un evento concreto, etcétera, y lo comparo con conectarme *online* desde mi casa para dar un taller que ya me sé de memoria, aunque lo cobre más barato, sigue siendo mucho más rentable.

*** QUE NO SE TE OLVIDE**

Como autónomo, saber en qué se te van las horas es fundamental.

Porque, además, **otro error común que cometemos los autónomos es dedicar más tiempo a las tareas en las que nos sentimos más cómodos, que no son necesariamente las más importantes ni las más rentables.**

Con esto en mente, lo ideal es poner un precio teórico a tu hora, e imputar a cada producto, servicio, proyecto, cliente o tarea administrativa, el coste de las horas que le dedicas realmente para ver cómo salen los números.

Me juego el cuello a que el resultado te va a sorprender. Es un ejercicio utilísimo para priorizar mejor en qué invertimos nuestro tiempo y nuestro esfuerzo, y también para poner precio a nuestros productos y servicios.

A mí, por ejemplo, siempre me da mucho corte poner un precio desorbitado a una conferencia, pero, realmente, para que me compense todo el tiempo que pierdo —o invierto— me lo tienen que pagar a precio de petróleo crudo porque, aunque la charla en sí sea una hora, el tiempo que le dedico, entre desplazamientos, horas muertas y preparación es muchísimo. Entender esto ayuda mucho a decidir qué proyectos realmente compensan y cuáles no, y a perder la vergüenza de poner un precio alto, cosa que, a las mujeres, en particular, nos suele costar mucho.

En los costes de los bienes vendidos no incluiríamos las horas que dediquemos a las tareas administrativas o de gestión, que irían, como veremos enseguida, en los costes operativos. En cualquier caso, que nuestras tareas de administración o gestión no estén incluidas en los costes operativos no es tan grave, porque ya las cobraremos de los beneficios (si los hay), pero si nuestro negocio nos necesita para vender el producto o servicio porque nos dedicamos a una actividad artística o profesional, es importante que las tareas administrativas nos quiten el menor tiempo posible para tener más tiempo para lo que de verdad da pasta: facturar, como bien sabe Shakira.

DEVENGANDO, QUE ES GERUNDIO

Igual que con las ventas, en los costes de los bienes vendidos es fundamental que apliquemos el principio de devengo al dedillo para poner, en cada periodo para el que estemos calculando nuestra cuenta de pérdidas y ganancias, solo los costes de las ventas de ese periodo. Con especial énfasis en la palabra *periodo*.

EL TRUCO DEL ALMENDRUCO

La cuenta de PyG nos da información sobre las ventas, los costes y los beneficios de un negocio durante un periodo concreto.

Puede ser un mes, un trimestre o un año. Lo importante es que incluyamos solo aquellos ingresos y gastos que realmente corresponden a ese periodo, independientemente de cuándo los hayamos cobrado o pagado.

En nuestro negocio de venta de camisetas *online*, por ejemplo, los costes de los bienes vendidos incluirían solo los costes de producción correspondientes a las camisetas que hemos vendido en ese periodo, independientemente de que las hayamos producido en ese periodo o no.

Para quien se dedique a negocios que tengan inventarios o manufactura, la imputación de costes tiene un poco más de miga. Hay varios métodos para contabilizar los costes de nuestros inventarios (*first in-first out* o FIFO; *last in-first out* o LIFO...), de los que se ocuparán nuestros contables, pero, para facilitarlo un poco, la AEAT lo que nos dice es que los consumos de materiales o inventario para un autónomo se calcularían con la fórmula que os muestro a continuación.

LA FÓRMULA MAESTRA

Consumos del periodo = existencias iniciales + compras – existencias finales

Costes de producción del periodo = inventario inicial + costes de producción del periodo (material, mano de obra directa...) – inventario final

De dónde hay que incluir los inventarios y los costes de las cosas que hayamos producido o comprado, pero sigan en nuestro inventario porque no se han vendido o utilizado todavía, hablaremos en el siguiente capítulo. Aquí lo importante es casar bien las ventas con los costes de esos productos o servicios que se hayan vendido para saber cuál es el margen bruto real de esas ventas.

LA FÓRMULA MAESTRA

Margen bruto = ventas – coste de los bienes vendidos

Si no aplicamos bien el principio de devengo y tenemos un mes en el que producimos mucho, pero vendemos poco por la razón que sea, los números nos saldrían fatal, pero no querría decir necesariamente que esas ventas no hayan sido rentables.

Devengado todo como mandan los cánones, ya tendríamos las siguientes líneas en nuestra cuenta de PyG:

LA FÓRMULA MAESTRA

+ Ventas
– coste de los bienes vendidos
= margen bruto

El margen bruto nos da una idea de lo eficiente que es la empresa produciendo sus bienes y servicios, y del poder de fijación de precios que tiene. También es muy útil para comparar empresas del mismo sector.

Ratio de rentabilidad bruta o margen bruto (%)

Aunque el margen bruto expresado como hemos visto hasta ahora, con una cifra en euros o en la moneda que sea, nos da una idea del margen que nos dejan nuestras ventas, es muy interesante expresarlo también como porcentaje.

LA FÓRMULA MAESTRA

Margen bruto (%) = margen bruto / ventas

En general, las empresas de la misma industria o sector tendrán márgenes brutos (%) parecidos. Aquellas que sean más eficientes en costes o que sean capaces de generar más valor o de diferenciarse para vender sus productos más caros conseguirán tener un margen bruto (en porcentaje) algo superior que sus competidores, pero, a no ser que apliquen técnicas muy innovadoras que consigan mejorar mucho la productividad del negocio, lo normal es que no sea tan distinto del margen bruto de su competencia.

Por eso, el margen bruto nos puede resultar muy útil a la hora de poner precio a nuestros productos o servicios.

LA FÓRMULA MAESTRA

Precio = COGS × (1 + margen bruto (%))

Es decir, si el margen bruto medio en nuestro sector es de un 40 %, podríamos calcular el precio aproximado de nuestro producto o servicio multiplicando el coste de producir cada unidad por (1 + 0,4) = 1,4.

Si quisiéramos ser muy competitivos, porque estamos empezando y queremos ganar cuota de mercado rápido, podríamos aplicar un margen bruto inferior para ser baratos sin pillarnos los dedos.

O, al contrario, si pensamos que tenemos un producto con mucho valor diferencial, podríamos aplicar un margen superior porque entendemos que nuestro cliente estará dispuesto a pagar algo más por nuestros productos que por los de la competencia.

COSAS QUE TU MARGEN BRUTO DICE DE TI

Entre otras cosas, el margen bruto nos da una información muy útil para...

- **Saber lo eficientes que somos produciendo nuestros bienes y servicios.** Cuanto más alto sea nuestro margen bruto, más eficientes somos. Por otro lado, un margen bruto inusualmente bajo puede indicar un problema de costes.
- **Saber qué capacidad de fijación de precios tenemos.** En los mercados muy competitivos y con poca diferenciación, el margen bruto suele ser reducido, mientras que si tenemos una propuesta de venta única o poca competencia, nuestra capacidad para fijar los precios (y nuestro margen bruto) será mayor.

  Para los autónomos que se dediquen a actividades profesionales o artísticas, la capacidad de fijación de precios será determinante para ver cuánto dinero pueden llegar a ganar. En sectores muy competitivos, con poca diferenciación y márgenes brutos reducidos, la única manera de ganar más es reduciendo costes o aumentando el volumen de ventas, lo que, como vimos en el segundo capítulo, para según qué gremios puede ser complicado.

EL TRUCO DEL ALMENDRUCO

La capacidad de fijación de precios que tengamos dependerá mucho del valor que perciban nuestros clientes que añade nuestro producto o servicio.

Taylor Swift, por ejemplo, en sus conciertos tiene una capacidad extraordinaria para fijar los precios, porque la demanda está a nivel de venderse al diablo por una entrada en la fila quinientos, mientras que nuestro amigo el fontanero, a no ser que haya muy pocos fontaneros en la zona en la que opera, tendrá una capacidad de fijación de precios mucho más limitada.

La joya de la corona son aquellos negocios que no están limitados por la disponibilidad del emprendedor o, lo que es lo mismo, que son muy escalables, operan en sectores con un TAM enorme y, además, consiguen tener una capacidad de fijación de precios alta. Este es el caso de Apple. Aunque en el mercado de los móviles hay una competencia feroz, Apple tiene una capacidad de fijación de precios muy alta y consigue vendernos los iPhones a precios diez veces superiores a los de otros teléfonos, lo que resulta en un margen bruto *puturrú de fuá*.

- **Comparar nuestro negocio con nuestros competidores.** Comparando nuestro margen bruto (%) con el de otras empresas del sector podemos valorar si somos más o menos eficientes a nivel productivo o si tenemos más capacidad de fijación de precios porque tenemos alguna ventaja competitiva.

GRANDES PALABROS DE LA HISTORIA FINANCIERA

Ventaja competitiva son todos los aspectos y características que hacen sobresalir a una marca o producto entre la competencia porque ofrecen más valor y beneficios a los clientes.

- **Analizar la evolución de nuestro negocio a lo largo del tiempo.** Si, por ejemplo, nuestro margen bruto (%) baja de un año para otro, puede ser un indicador de problemas potenciales si, por ejemplo, nuestros costes de producción han subido por la razón que sea (*hello,* inflación) y no hemos podido trasladar esa subida a los precios de nuestros productos. Detectar estos problemas a tiempo puede ser clave para evitar problemas que pongan en peligro la supervivencia del negocio.
- **Saber los sostenible que es nuestro negocio, financieramente hablando.** Nuestro margen bruto tiene que ser suficiente para cubrir el resto de los costes de nuestra empresa, por lo que, para que nuestro negocio dé beneficios de manera sostenible es necesario que tengamos el suficiente margen bruto para cubrir los costes operativos con holgura.

Nos debería haber quedado claro que el margen bruto es un cálculo sencillo que nos puede dar información muy valiosa si lo analizamos bien. Además, conocer nuestro margen bruto (%) nos va a ahorrar mucho trabajo porque, cuando planifiquemos nuestras ventas, ya sabremos que, a no ser que vayamos a implementar una estrategia de precios o costes nueva, nuestros costes de ventas serán aproximadamente:

LA FÓRMULA MAESTRA

Costes de ventas = ventas proyectadas × (1 – margen bruto (%))

DIME A QUÉ TE DEDICAS Y TE DIRÉ QUÉ MARGEN BRUTO (%) TE CORRESPONDE

No es fácil hablar de qué margen bruto podemos esperar, porque depende mucho del modelo de negocio que tengamos, pero conocer el margen bruto típico en nuestro sector o actividad nos puede ayudar a hacernos una idea de por dónde deberían ir los tiros:

1. **Retail (venta al por menor).** Normalmente este tipo de negocio de venta de productos o servicios al por menor, como, por ejemplo, una librería, suele tener unos márgenes brutos de entre el 20 % y el 50 %, a no ser que te dediques al sector del lujo.
2. **Manufactura.** Si además produces tú los productos, lo normal es que tengas unos costes significativos de materiales y mano de obra directa. Dependerá del sector, pero los márgenes brutos pueden andar entre el 25 % y el 35 %.
3. **Tecnología y *software*.** Las empresas tecnológicas, por su parte, suelen tener márgenes brutos altos, entre el 60 % y el 90 %, puesto que una vez que está desarrollado el producto (lo que será una gran inversión, pero no un coste de los bienes vendidos significativo), cada venta adicional no suele llevar muchos costes asociados. Son negocios muy escalables que permiten alcanzar mucho volumen sin incrementar demasiado los costes.
4. **Servicios profesionales.** Los servicios de consultoría, asesoría legal, contabilidad, etcétera, suelen tener un margen bruto elevado, del 30 % al 50 %, porque sus principales costes son

los salarios de los empleados, y suelen tener costes bajos de materiales y estructura.

Desglosa como si no hubiera un mañana

Para dar por finiquitado el margen bruto, igual que con las ventas es conveniente desglosar las cifras por productos, clientes o líneas de negocio, también es interesante desglosar el margen bruto con el mismo nivel de detalle para ver si tenemos productos o líneas de negocio más rentables que otras. Esto nos ayudará a tomar decisiones sobre qué tipo de productos o clientes merecen más la pena y ajustar nuestra estrategia.

MARGEN BRUTO NEGATIVO: «HOUSTON, TENEMOS UN PROBLEMA»

Hasta ahora hemos asumido en todo momento que el margen bruto es positivo. Y es que, si el margen bruto es negativo, directamente ese negocio, tal y como lo hemos planteado, no tiene sentido. Siento ser tan tajante, pero es así.

VERDADES INCÓMODAS

Si el margen bruto de nuestro negocio es negativo, nuestro negocio, tal y como lo hemos planteado, nunca va a ser rentable.

Esto no quiere decir que un negocio no pueda dar pérdidas, sobre todo si estamos empezando, pero si las pérdidas empiezan ya en el margen bruto, tenemos un problema muy serio, y hay que ver si tiene solución o no.

Podría ser que el precio sea demasiado barato, pero si no podemos subirlo porque el cliente no está dispuesto a pagar más, tendríamos que repensar nuestra forma de producir el producto o de prestar el servicio para reducir los costes directos. Esto puede pasar por intentar abaratar los costes de personal, por reducir la funcionalidad de nuestro producto o servicio (es decir, ofrecer menos por el mismo precio), por buscar proveedores más baratos o subcontratar ciertas partes o por repensar las técnicas o la tecnología de producción.

Esto nos podría pasar, por ejemplo, en nuestro negocio de camisetas. Hay tantas camisetas monas y bien de precio que es difícil que un cliente nos pague un precio muy alto por algo que —por muy molona que sea— no deja de ser una camiseta. Por eso, si nuestro modelo de producción es muy artesanal, lo que suele ser más caro, es posible que directamente el negocio no sea rentable y tengamos que plantearnos, por ejemplo, subcontratar la confección de las camisetas a un proveedor (nacional o extranjero) que las pueda fabricar más baratas.

No es que tengamos que tirar la toalla directamente, pero si tenemos un problema a nivel de margen bruto, tenemos que buscar una solución ASAP *(as soon as possible)* como dirían los consultores más pintones.

Pero no nos pongamos mustios, que lo normal es tener un margen bruto positivo.

EBITDA, el niño bonito de Wall Street

Una vez que tenemos nuestro margen bruto, toca descontar todos esos gastos del negocio que no hemos considerado al calcular los costes de los bienes vendidos porque no estaban directamente relacionados con la producción del producto o la prestación del servicio.

Estos gastos se llaman **gastos operativos** o **gastos de explotación,** y son todos esos desembolsos, normalmente fijos, que necesitamos para que el negocio funcione, pero que no están directamente relacionados con la producción del bien o servicio que vendemos. De ahí que también se llamen **gastos indirectos.**

EL TRUCO DEL ALMENDRUCO

Una forma fácil de distinguir los costes de los bienes vendidos de los gastos operativos es ver si, aunque no vendiéramos nada, tendríamos esos gastos igualmente.

Volviendo a nuestro negocio de camisetas, si no vendiéramos ninguna, no consumiríamos inventario ni tendríamos costes de producción devengados para ese periodo (aunque sigamos produciendo para ventas futuras, ojo con esto, la clave está en nuestro querido amigo el principio de devengo), pero seguiríamos teniendo los costes del personal administrativo, los gastos de *marketing,* el alquiler de la oficina, los costes de suministros, la factura de los móviles, etcétera.

Para que no se nos olvide ninguno, en estos gastos operativos se incluyen:

- **Gastos de personal,** como los salarios de los empleados que no participan directamente en la producción del servicio o producto, incluida la Seguridad Social a cargo de la empresa, y cualquier otro gasto de personal, como seguros de salud, contribuciones a planes o seguros de jubilación, bonificaciones y gastos de formación nuestros y de nuestro personal… Si como autónomo societario cobramos a la empresa por nuestras labores de administración o gerencia, ese coste también iría aquí.

- **Gastos de alquiler y suministros.** Aquí se incluirían también los gastos de mantenimiento y las reparaciones que podamos tener que afrontar.
- **Gastos de *marketing* y publicidad.**
- **Gastos de tecnología y comunicaciones,** como licencias de *software,* suscripciones, contratos de telefonía e internet, etcétera.
- **Gastos de ventas,** como pagos a comisionistas y gastos de viaje y representación.
- **Gastos administrativos.** Aquí se englobarían el material de oficina, los servicios de asesoría contable, fiscal y legal, el gasto en consultoría y los seguros, como el de responsabilidad civil, los seguros de la propiedad y cualquier otro seguro de negocio que contratemos.
- **Gastos de transporte y logística.**
- **Gastos financieros,** como comisiones y cargos por servicios y créditos, pero sin incluir los intereses que paguemos por préstamos y créditos que pueda tener el negocio, como veremos más adelante.
- **Otros gastos operativos.**

Por supuesto, estos gastos se imputarán también según el **principio de devengo** —que ya hemos comentado hasta la saciedad— y **sin IVA,** a no ser que nuestra actividad sea una de esas que está exenta de IVA y no tengamos derecho a recuperar el IVA soportado.

Es importante darse cuenta de que los gastos operativos, al contrario que los costes de los bienes vendidos, no necesariamente van a incrementar o disminuir porque vendamos más o menos, sino que los vamos a tener sí o sí y aumentarán o disminuirán en función de las decisiones estratégicas que tomemos, como contratar más personal de *marketing,* alquilar una oficina más grande o lo que sea. Por eso no se pueden calcular como un porcentaje de las ventas.

EL TRUCO DEL ALMENDRUCO

Los gastos de explotación del negocio no dependen directamente del volumen de ventas, por lo que no se pueden calcular como un porcentaje de este, sino que habrá que calcularlos uno a uno en función de las decisiones que tomemos o de los cambios que hagamos.

Para planificar, lo más fácil es partir de los gastos de explotación del año anterior y ver cómo esperamos que cambien en función de las decisiones estratégicas y administrativas que tomemos.

Como decíamos, el margen bruto tiene que financiar estos costes, por lo que **cuando empezamos y no tenemos mucha información sobre las ventas que vamos a tener, es importante mantener los gastos operativos al mínimo para minimizar las pérdidas.** Hoy en día, con el teletrabajo y las herramientas informáticas *online* es bastante fácil ser espartano en este sentido.

Una vez que tengamos todos nuestros gastos operativos en fila india en nuestra cuenta de resultados, pasaremos a calcular otro margen de rentabilidad que tiene un nombre muy pintón: el EBITDA.

NO ES CONTABLE, PERO CUENTA

GRANDES PALABROS DE LA HISTORIA FINANCIERA

El **EBITDA** *(earnings before interest, tax, depreciation and amortization)* es, como su nombre en inglés indica, el beneficio de la empresa antes de tener en cuenta los intereses, los impuestos, la depreciación y la amortización de sus activos.

El EBITDA nos da una idea de la eficiencia operativa de la empresa y es clave para la supervivencia a largo plazo del negocio. Por mucho que tengamos un margen bruto decente, si nos liamos a hacer eventos de *team building* y a gastarnos una pasta en *branding*, por decir algo, puede que nos lo comamos en lo que tardas en decir *paintball*.

El EBITDA no es un margen contable (en el sentido de que la forma de calcularlo no está definida por la normativa contable), pero es interesante calcularlo, porque se utiliza muchísimo en análisis financiero y para valorar empresas.

Cuenta de pérdidas y ganancias
+ Ventas
− COGS
= Margen bruto
− Gastos de personal
− Gastos de alquiler y suministros
− Gastos de *marketing* y publicidad
− Gastos de tecnología y comunicaciones
− Gastos de ventas
− Gastos administrativos
− Gastos de transporte y logística
− Gastos financieros
− Otros gastos operativos
= EBITDA

Es un margen muy útil porque nos permite comparar la eficiencia operativa a la hora de gestionar el negocio puro y duro de diferentes empresas o la evolución de una empresa a lo largo del tiempo.

Al excluir los impuestos, los intereses y la depreciación de los activos (veremos qué es esto en un segundo), no estamos teniendo en cuenta elementos que no son puramente del negocio, como lo que te cueste financiarlo, las inversiones que hagas o los impuestos que tengas que pagar, que pueden ser muy diferentes entre una empresa y otra, pero no nos dicen nada de lo bien o lo mal que va el negocio en sí.

Por eso, para comparar entre compañías o para ver si una empresa se vuelve más eficiente en sus operaciones o menos, es muy útil utilizar este margen.

DIME A QUÉ TE DEDICAS Y TE DIRÉ QUÉ EBITDA TE CORRESPONDE

Volviendo a los ejemplos anteriores, aunque ya os digo que puede variar mucho, las ratios de EBITDA/ventas podrían andar por estos rangos:

Retail	5-15 %
Manufactura	10-20 %
Tecnología y *software*	20-40 %
Servicios profesionales	10-30 %

Cuando estamos montando nuestro negocio, estos rangos nos pueden dar una idea de por dónde deberían andar nuestros costes operativos para que no nos volvamos locos comprando pufs y sillas de diseño para la oficina.

LA FÓRMULA MAESTRA

Costes operativos = (margen bruto (%) – EBITDA (%)) × ventas esperadas

Un EBITDA negativo significa que la estructura operativa de tu negocio (todo lo que no tiene que ver con la producción del servicio o del producto) está sobredimensionada, ya sea porque te has gastado una pasta indecente en *branding,* has contratado demasiado personal administrativo o porque tus oficinas son demasiado caras. Si esto es así porque estás empezando y tus ventas no han despegado todavía, mientras puedas pagarlo, no es problema, pero a corto-medio plazo tienes que asegurarte de tener un margen de EBITDA saludable.

Esta es una de las razones por la que muchas de las grandes tecnológicas están despidiendo gente a destajo: las ventas no están creciendo tanto como esperaban y la estructura operativa se les ha quedado grande.

Como ves, hasta los emprendedores más avezados pueden tener problemas de rentabilidad. Vayamos con el benjamín de la familia.

EBIT, el hermano pequeño

El EBIT *(earnings before interest and tax)* es básicamente el EBITDA, pero restando también los gastos de depreciación y amortización de nuestros activos.

GRANDES PALABROS DE LA HISTORIA FINANCIERA

La **depreciación** es la pérdida de valor de un bien tangible como consecuencia de su desgaste por el paso del tiempo.

Tangible significa, ni más ni menos, que el bien se puede tocar. Es decir, son tangibles la maquinaría, los bienes inmuebles —como oficinas o locales que tengas en propiedad—, los ordenadores, etcétera.

Y la *amortización* es lo mismo que la *depreciación,* pero de bienes a los que no se les puede hincar el diente o, dicho en palabros formales, de *bienes intangibles*. Te preguntarás qué tipo de bienes intangibles puede tener un negocio; pues cosas como patentes y otros tipos de propiedad industrial o intelectual en los que se haya invertido.

Afilemos las antenas, porque esto que voy a contar ahora es importante.

Casualidades de la vida, cuando hemos calculado los costes operativos del negocio no hemos incluido costes como la compra de maquinaria o de un local. Y el culpable vuelve a ser el famoso principio de devengo.

DEVENGANDO, QUE ES GERUNDIO

Todo lo que hemos hecho hasta ahora es para ver si nuestro negocio es rentable o no, es decir, para ver si **los ingresos compensan suficientemente los costes para generar un beneficio sostenible en el tiempo.**

Cuando hacemos una inversión importante, como comprar un local o maquinaria de producción (notarás que he cambiado sibilinamente la palabra *gasto* por *inversión*), si contáramos ese gasto en nuestra cuenta de resultados, lo más probable es que nos salieran unas pérdidas enormes.

Pero estas pérdidas no reflejarían en realidad si el negocio va bien o mal, porque vamos a poder utilizar (amortizar) estas inversiones durante mucho tiempo. Es decir, estaríamos imputando en un solo periodo un coste que en realidad se hace para que sirva durante más tiempo.

*** QUE NO SE TE OLVIDE**

El dinero que invirtamos en bienes tangibles o intangibles que podamos utilizar durante más de un año no estará incluido en nuestra cuenta de resultados.

Por eso, lo que se hace es reconocer solo el gasto de usar este tipo de bienes (o «desgastarlos») durante el periodo para el que estemos haciendo la cuenta de pérdidas y ganancias, porque eso nos da una idea más real de lo que ha gastado el negocio en ese tiempo.

La forma de calcular el importe de esa depreciación o amortización es con la **vida útil de la inversión** (cuántos años la vamos a poder utilizar), **asignando la cantidad proporcional del coste total de la inversión a cada año de esa vida útil.**

La forma más fácil y, por suerte, la más habitual es hacerlo de manera lineal.

Es decir, si compramos una máquina que nos ha costado 10.000 euros y tiene una vida útil de 10 años, reconoceremos un gasto de depreciación anual de 10.000/10 = 1.000 euros.

Y así durante 10 años, hasta que hayamos amortizado esa inversión totalmente.

Esta no es la única forma de calcular la depreciación, hay otras más enrevesadas en las que no vamos a entrar aquí. Lo bueno es que la AEAT publica unas tablas oficiales que nos dicen qué fórmulas y qué periodos de amortización podemos utilizar según el tipo de bien. Por ejemplo:

1. **Edificios y construcciones.** Generalmente se amortizan de manera lineal, con una vida útil que puede oscilar entre los veinte y los cincuenta años, dependiendo del tipo de construcción.
2. **Maquinaria y equipos industriales.** Se puede usar amortización lineal o degresiva (otro método más lioso en el que no vamos a entrar ahora). Su vida útil es de diez a veinte años según las tablas oficiales.
3. **Vehículos.** Se suele utilizar la amortización lineal. Su vida útil estándar es de cinco a siete años.
4. **Equipos informáticos.** Suelen amortizarse linealmente en un periodo de cuatro años.
5. **Patentes y propiedad intelectual.** Su amortización es lineal, en función de la vida útil esperada, que puede variar significativamente.

> Para simplificar, hasta que tu contable o gestor decida usar un método diferente, podemos calcular la amortización de forma lineal, según los años que digan las tablas oficiales. La idea es que hayamos amortizado todo para cuando el bien deje de ser útil y tengamos que volver a invertir en reponerlo o renovarlo.
>
> En las tablas de Hacienda vemos que el periodo de amortización de los ordenadores no tiene nada que ver con el de un edificio, porque la vida útil de las propiedades inmobiliarias es mucho más larga.

Precisamente porque, según el país y las decisiones contables de la empresa, los métodos de amortización y depreciación pueden cambiar bastante, este gasto no se incluye en el EBITDA, ya que utilizar un método u otro es una decisión algo arbitraria que puede cambiar los costes que le imputemos al periodo, pero no nos dice nada de si el negocio va mejor o peor.

Lo importante es darse cuenta de que, aunque aparecerá en nuestra cuenta de pérdidas y ganancias como un gasto y tendrá repercusiones en los impuestos que tengamos que pagar (cuantos más gastos, menos impuestos), el coste de depreciación y amortización de nuestras inversiones no tendrá un impacto sobre nuestra tesorería (el dinero líquido que tengamos) porque es un coste que no lleva aparejado ningún pago.

El grueso de la inversión lo habremos pagado cuando hicimos la compra o la inversión, pero no lo incluimos en nuestra cuenta de PyG. En el siguiente capítulo veremos dónde se aparcan (contablemente hablando) estas inversiones.

EL TRUCO DEL ALMENDRUCO

Los costes de depreciación y amortización, aunque aparezcan en tu cuenta de resultados, no tienen que salir de tu bolsillo (ni del de la empresa).

Aunque estos costes no vayan a suponer un gasto contante y sonante, es importante tenerlos en cuenta y ser consciente de que, para ser rentables, el negocio y, en concreto, tu margen bruto, no solo tendrá que cubrir los gastos corrientes de explotación, sino también la amortización de todas las inversiones que hagas.

Y ya tenemos dos líneas más de nuestra cuenta de resultados.

Cuenta de pérdidas y ganancias
+ Ventas
– COGS
= Margen bruto
– Gastos de personal
– Gastos de alquiler y suministros
– Gastos de *marketing* y publicidad
– Gastos de tecnología y comunicaciones
– Gastos de ventas
– Gastos administrativos
– Gastos de transporte y logística
– Gastos financieros
– Otros gastos operativos
= EBITDA
– Gastos de depreciación y amortización
= EBIT

Básicamente, el EBITDA y el EBIT son primos hermanos, pero la información que nos dan es un poco diferente, ya que el EBIT tiene en cuenta el coste de depreciación de las inversiones que hagamos.

En este sentido, una empresa que alquile una oficina tendrá un EBITDA inferior, porque sus costes de alquiler aumentarán sus costes de explotación, mientras que, si la misma empresa decide comprar una oficina, su EBITDA subirá, porque ya no tendrá que pagar alquiler, pero su EBIT será bastante peor que el EBITDA, porque incluirá la depreciación de esas oficinas que ha comprado.

Las empresas que estén invirtiendo mucho en bienes duraderos o en infraestructura tendrán un coste de depreciación y amortización que resultará en un EBIT bastante menor que el EBITDA, pero estas inversiones pueden ayudarles a aumentar su volumen de ventas, a mejorar su eficiencia de costes o reducir sus costes de explotación y, por lo tanto, a mejorar su margen bruto o su EBITDA.

Hablando en plata, aunque la depreciación de nuestras inversiones tenga un impacto negativo en la cuenta de resultados a nivel de EBIT, lo suyo es que tengan un impacto positivo en el EBITDA, ya sea aumentando las ventas o reduciendo los costes.

VERDADES INCÓMODAS

Si una inversión (que no sea reponer o reparar otra que ya hemos amortizado) no nos ayuda a mejorar el EBITDA, deberíamos cuestionarnos si realmente es necesaria.

Al final, aunque el EBITDA es muy útil, a nosotros, como emprendedores, lo que nos importa es el EBIT, que refleja mejor el beneficio operativo de la compañía, porque incluye también el coste de nuestras inversiones y nos dirá si estas nos han compensado.

BENEFICIO ANTES DE IMPUESTOS, SEGUIMOS PARA BINGO

Hasta ahora habíamos incluido en nuestros gastos operativos los gastos financieros, como las comisiones bancarias, pero no habíamos metido los intereses derivados de los préstamos o líneas de crédito que podamos tener para financiar la empresa.

EL TRUCO DEL ALMENDRUCO

Los intereses de los préstamos y las deudas no se incluyen en el EBIT, porque no tienen que ver con el negocio en sí, sino que dependen de la forma que elijamos para financiarlo.

Que un negocio se financie con deuda o con dinero del empresario o de otros inversores no significa que sea más o menos eficiente en el día a día de sus operaciones ni que el negocio en sí vaya mejor o peor. Por eso el coste de esa deuda, los intereses, no se incluye en el EBIT.

Pero esos intereses —aunque no tengan que ver con el negocio en sí— sí que tendrán un impacto en el beneficio final, porque el coste de esa deuda hay que pagarlo, y es, precisamente, el siguiente gasto que vamos a incluir en nuestra cuenta de resultados.

*** QUE NO SE TE OLVIDE**

Ojo, en la cuenta de PyG se incluyen solo los intereses de la deuda, que son directamente un gasto, no las devoluciones que hagamos de lo que debemos.

En el siguiente capítulo veremos dónde van los pagos o amortizaciones de la deuda en sí (ojo, que aquí estamos hablando de *amortizar un préstamo*, no de la depreciación de un bien).

Como decíamos, después del EBIT, incluiríamos los gastos de financiación, es decir, los intereses que pagamos por las deudas que tenga el negocio, del tipo que sean.

También podemos tener intereses positivos si, por ejemplo, colocamos el dinero del negocio en alguna cuenta o producto de inversión que nos dé intereses mientras no lo necesitamos. Estos ingresos no se cuentan en las ventas (a no ser que seamos un banco), porque no tienen nada que ver con el negocio en sí, sino que son ingresos extras que podemos obtener gestionando el dinero de la empresa eficientemente.

Y, ya que estamos, después de los intereses, para calcular el beneficio (o la pérdida) antes de impuestos, tendríamos que incluir también cualquier ingreso o gasto extraordinario que hayamos tenido durante ese ejercicio si, por ejemplo, vendemos algún activo (maquinaria, locales...) y ganamos (o perdemos) dinero con ello.

Se trata de ingresos o gastos excepcionales que no tienen que ver con nuestro negocio principal y que no son recurrentes. Por eso se separan, para no emborronar el análisis.

Cuenta de pérdidas y ganancias
+ Ventas
− COGS
= Margen bruto
− Gastos de personal
− Gastos de alquiler y suministros
− Gastos de *marketing* y publicidad
− Gastos de tecnología y comunicaciones
− Gastos de ventas
− Gastos administrativos
− Gastos de transporte y logística
− Gastos financieros
− Otros gastos operativos
= EBITDA
− Gastos de depreciación y amortización
= EBIT
+ Intereses a nuestro favor
− Intereses que tengamos que pagar
+ Ingresos extraordinarios
− Gastos extraordinarios
= Beneficio antes de impuestos

Con esto, ya solo nos quedaría una línea de la cuenta de resultados para llegar a nuestro destino.

Pero, antes, hagamos un alto en el camino para quitarnos un muerto de encima.

RENDIMIENTO NETO VERSUS BENEFICIO ANTES DE IMPUESTOS

Si tienes una S. L., esta cuenta de PyG debería parecerse bastante a la que va a preparar la gestoría para presentar las cuentas anuales de la empresa (dependiendo de lo que hayas decidido facturar o cobrar en nómina como autónomo societario), y este beneficio antes de impuestos te dará una idea bastante aproximada del impuesto de sociedades que te va a tocar pagar.

En el caso de los autónomos persona física, este beneficio antes de impuestos se diferencia del rendimiento neto sobre el que Hacienda va a calcular los impuestos en que este no incluye los costes del autónomo en sí.

Es decir, si —como he recomendado antes— has incluido el coste teórico de tus horas en los COGS (si participas activamente en la prestación del servicio o en la fabricación del producto) o en tus gastos operativos (la parte de tu tiempo que dedicas a labores de gestión, administración, *marketing*...), para calcular el IRPF, los tienes que sumar a este beneficio neto antes de impuestos para obtener el rendimiento neto, ya que este no incluye la mano de obra del autónomo.

LA FÓRMULA MAESTRA

Rendimiento neto del autónomo = beneficio antes de impuestos + costes teóricos del autónomo incluidos en la cuenta de resultados

Esto de meter tu coste para luego volver a quitarlo es un poco lío, lo sé, pero la información que te da es tan útil, sobre todo si te dedicas a actividades profesionales o artísticas, que de esta burra, aunque sea restar para luego volver a sumar, no me apeo.

BENEFICIO NETO, EL FINAL DE ESTE VIAJE TAN ACCIDENTADO

Todos estos pasos nos han ido llevando, paso a paso, a nuestro destino final: saber cuánto ha ganado (o perdido) nuestro negocio en el periodo que estemos considerando. Lo único que nos quedaría ya sería pasar por la caja de Hacienda.

Lo que tengamos que pagar dependerá de la forma jurídica que hayamos elegido y de lo apañados que sean nuestros asesores fiscales y contables.

No vamos a entrar aquí en los detalles de cómo se calculan estos impuestos porque, como hemos repetido hasta la saciedad, lo mejor es dejar esto en manos de los profesionales. Pero para poder planificar y analizar nuestros datos, basta con saber lo siguiente:

- El tipo general del impuesto de sociedades es un 25 % del beneficio neto antes de impuestos, pero si tu empresa facturó menos de un millón de euros, el anterior se aplicará un tipo reducido del 23 %. Además, si cumples los requisitos, las empresas de nueva creación pueden aplicar un tipo de reducido del 15 % los dos primeros años en los que den beneficios.
- Si eres autónomo, pagarás el IRPF por actividades económicas sobre el rendimiento neto que obtengas.

*** QUE NO SE TE OLVIDE**

Si tienes pérdidas, Hacienda no te va a pagar ese supuesto impuesto positivo que te correspondería, pero podrás descontar esas pérdidas del beneficio de los años siguientes para pagar menos impuestos.

Los límites y los criterios para compensar estas pérdidas dependen también de si somos autónomos o tenemos una S. L., por lo que tu asesor será quien mejor lo gestione. Simplemente, ten en cuenta que después de varios ejercicios con pérdidas, se pueden acumular créditos fiscales importantes de los que te podrás beneficiar cuando entres en números verdes.

Con esto y un bizcocho, ya tenemos nuestra cuenta de resultados y sabemos si nuestro negocio es rentable o no y, lo que es mejor, por qué. ¡Enhorabuena!

Cuenta de pérdidas y ganancias
+ Ventas
– COGS
= Margen bruto
– Gastos de personal
– Gastos de alquiler y suministros
– Gastos de *marketing* y publicidad
– Gastos de tecnología y comunicaciones
– Gastos de ventas
– Gastos administrativos
– Gastos de transporte y logística
– Gastos financieros
–Otros gastos operativos
= EBITDA
– Gastos de depreciación y amortización
= EBIT
+ Intereses a nuestro favor
– Intereses que tengamos que pagar
+ Ingresos extraordinarios
– Gastos extraordinarios
= Beneficio antes de impuestos
– Impuestos
= Beneficio neto

Si eres autónomo, este será el beneficio que te quede a final de año.

Si tienes una S. L., tendrás que decidir si dejas el beneficio en la empresa o si quieres cobrarlo total o parcialmente en forma de dividendos. Recuerda que estos dividendos también tendrán que pasar por la caja de Hacienda cuando hagas la declaración de IRPF, como vimos en el capítulo anterior.

BREAKEVEN, LA LUZ AL FINAL DEL TÚNEL

Cuando uno se lanza a montar un negocio, sobre todo si hay que hacer una inversión inicial importante para desarrollar un *software*, montar una estructura productiva o similares, lo normal es que al principio los números no salgan y que el negocio dé pérdidas durante algún tiempo.

Como digo, esto es normal y no sería un problema si lo único que tenemos que hacer para salir de los números rojos es alcanzar un determinado volumen de ventas.

Para comprobar que verdaderamente el escollo es ese y no algún problema de base más difícil de solucionar, y también para calcular cuánto dinero vamos a tener que poner hasta que el negocio pueda volar solo, es interesante calcular el *breakeven* también conocido como **umbral de rentabilidad** o **punto muerto del negocio.**

GRANDES PALABROS DE LA HISTORIA FINANCIERA

El ***breakeven* o umbral de rentabilidad** de un negocio es el punto a partir del cual los ingresos de una empresa son suficientes para cubrir todos los costes. Es decir, el momento a partir del cual el negocio empezará a ser rentable y a dar beneficios.

¿CUÁNTO TIENES QUE VENDER PARA GANAR DINERO CON ESTE NEGOCIO?

Lo que queremos averiguar cuando calculamos el *breakeven* es cuánto tendríamos que vender para empezar a generar beneficios.

Para eso, lo que haremos es ver qué volumen de ventas necesitamos para que nuestro margen bruto cubra todos los gastos operativos (incluyendo también la depreciación y los intereses).

Lo podemos hacer para un mes o un año.

Si tu negocio es muy estacional, es decir, si las ventas de un mes pueden no tener nada que ver con las de otro, tiene más sentido hacerlo de forma anual, pero si tu negocio no tiene una estacionalidad muy marcada y el volumen de ventas no varía mucho de un mes a otro, puede ser más útil calcularlo mensualmente.

El cálculo es realmente sencillo:

LA FÓRMULA MAESTRA

***Breakeven* = costes operativos (incluyendo depreciación e intereses) / margen bruto (%)**

Es decir, si tenemos unos costes operativos (incluidos la depreciación y los intereses) de 5.000 euros al mes y nuestro margen bruto es un 50 %, alcanzaremos el *breakeven* cuando nuestras ventas asciendan a 10.000 euros mensuales y, a partir de esa cantidad, empezaremos a tener beneficios.

Si no hemos incluido nuestros propios costes en los números, podemos hacer dos cosas:

1. Calcular el *breakeven* para no perder dinero con la fórmula del recuadro.
2. Calcular el *breakeven* para ganar lo que nos gustaría. En este caso, la fórmula que deberíamos aplicar es esta:

Breakeven para ganar un sueldo decente = (costes operativos + lo que nos gustaría embolsarnos cada mes)/margen bruto (%)

Si obtienes unas cifras de ventas desorbitadas, ya puedes empezar a sospechar que a lo mejor has sobredimensionado el negocio y habría que mirar los costes operativos con lupa para ver si has contratado demasiado personal administrativo, si has alquilado una oficina demasiado cara o si te estás dejando una pasta en *marketing* que no justifica las ventas.

Otra cosa que puedes hacer para calcular tu umbral de rentabilidad es transformar el *breakeven* en unidades, dividiéndolo entre el precio de tu producto o servicio.

LA FÓRMULA MAESTRA

***Breakeven* en unidades = *breakeven*/precio del producto o servicio**

Esto nos dirá cuántas camisetas (o lo que sea que vendamos) tenemos que vender para empezar a obtener beneficios. Así podemos empezar a valorar si las cifras son realistas y lo fácil o difícil que nos va a resultar llegar a esa cantidad.

Lo que nos lleva a la siguiente pregunta…

¿CUÁNTO VAS A TARDAR EN GANAR DINERO CON ESTE NEGOCIO?

Con el *breakeven* calculado, podemos ir a nuestra cuenta de resultados para el año o los años siguientes, y ver cuándo hemos previsto alcanzar ese nivel de ventas.

Este será el momento en el que nuestro beneficio antes de impuestos pase de ser negativo a positivo, y cuando nuestro negocio empezará a ser rentable, que es lo que todo emprendedor que se precie ansía.

Cuidado, porque esto no significa que a partir de este momento hayamos recuperado todo el dinero que hemos puesto en el negocio, sino que, a partir de este momento, empezaremos a recuperar lo invertido poco a poco.

Como inversor o empresario, tu *breakeven* llegará el día en que los beneficios del negocio cubran todo lo que has invertido.

Aunque ya nos hemos despachado las métricas de rentabilidad más importantes de nuestro negocio, hay otros tres datos con nombres de esos muy de comité anglosajón que nos ayudarán a tomar ciertas decisiones que pueden resultar claves para ganar más dinero con nuestro negocio, que es a lo que hemos venido aquí.

¿CUÁNTO VALEN TUS CLIENTES?

La primera de estas métricas es la que se conoce como ***lifetime value*** **(valor del tiempo de vida del cliente)**, más conocido por nuestros amigos *startuperos* de sudadera con capucha como LTV.

Lo que pretendemos saber con este numerito es el valor de nuestro cliente a lo largo de toda la relación comercial, es decir, cuánto dinero se va a dejar nuestro cliente en nuestro negocio durante todo el tiempo que consuma nuestros bienes o servicios.

LA FÓRMULA MAESTRA

LTV = valor medio de cada compra × número de compras que hace al año × periodo de retención

Este número es particularmente fácil de calcular en los negocios de suscripción: Netflix, por ejemplo, sabe lo que cada cliente se gasta al mes en su plataforma —pongamos que 3,99 euros—, cuántas veces compra al año —todos los meses— y, lo más importante, lo que tardan los clientes en darse de baja —pongamos que son 18 meses de media.

Con estos datos, el LTV de los clientes de Netflix sería 3,99 × 12 × 18/12 = 71,82 euros.

EL TRUCO DEL ALMENDRUCO

Analizar los tres factores que influyen en el LTV de tus clientes, el **importe medio** de cada compra, la **recurrencia** de las compras y el **periodo de retención** de tus clientes, en función de tu modelo de negocio, te da muchas pistas de en qué te deberías concentrar para exprimir más valor de tus clientes.

Por ejemplo, para Netflix sería muy difícil subir el precio de su suscripción, porque la competencia entre plataformas es leonina y tampoco Netflix tiene un contenido tan diferencial que le permita ser mucho más cara que las demás. Aunque utilizan otras técnicas para subir el importe medio de cada compra, como dar opciones de *upgrade* para tener menos anuncios o acciones similares, realmente, ahí tienen bastante poco margen de maniobra.

Por eso, la clave para ganar más de cada cliente tendrá que estar en alguno de los otros dos términos: la frecuencia o la retención.

Lo del número de compras que hace el cliente al año (conocido también como **número de transacciones**) lo tienen bastante controlado, porque el modelo mismo de suscripción se asegura de que pases por caja todos los meses.

Esto es, por ejemplo, lo que hizo Amazon Prime pasando de un modelo de pagar por cada cosa que quieres ver (con lo cual, no se aseguraban la recurrencia) a un modelo de suscripción en el que la recurrencia está asegurada para mejorar el LTV.

Como Netflix tiene lo de la recurrencia solucionado, la clave para que gane más dinero con cada cliente que capta está en el tercer término: el **periodo de retención.** Es decir, en conseguir que no te des de baja.

Con estos datos, Netflix ya sabe dónde tiene que invertir: en que sus clientes permanezcan suscritos por siempre jamás.

Una de las técnicas para incrementar la fidelidad de un cliente es ofrecer una suscripción anual con un precio atractivo para asegurar que el periodo mínimo de retención son doce meses. Lo bueno de esto, es que, al renovar, ya te pones directamente en veinticuatro meses: una ganga. Por eso muchos negocios, como los de venta de cursos *online,* están intentando virar hacia modelos de suscripción con acceso a todos los cursos en lugar de venderlos de uno en uno porque, aunque signifique vender a precios más bajos, el aumento de la recurrencia y la retención les permite mejorar su LTV.

Otro aspecto en el que Netflix tendrá que invertir para mejorar su capacidad de retención es en generar contenido continuamente para que no llegue el momento en que no haya nada que su cliente quiera ver y se dé de baja.

Yéndonos al otro extremo, imaginemos la típica tienda de *souvenirs* en una zona turística. Para este tipo de negocios, conseguir recurrencia o retención es muy difícil, porque un turista camboyano vendrá a Madrid y pasará por esa tienda un número muy limitado de veces, probablemente una. Por eso, la clave para que este tipo de negocios arañen más valor de cada cliente sería conseguir que gasten más en cada visita para mejorar el primer término del LTV, ya sea adquiriendo objetos más caros o, simplemente, más objetos, que es por lo que suele optar este tipo de negocio asegurándose de que salgas de allí con todo tipo de llaveros e imanes de nevera con flamencas que no necesitabas para nada.

La mayoría de los negocios estarán entre estos dos extremos, pero el análisis de en qué factores podemos influir y qué estrategias podemos utilizar para incrementar el LTV de nuestros clientes nos puede dar una información muy valiosa para ver en qué deberíamos concentrarnos.

Para algunos negocios, como por ejemplo las aseguradoras, la clave para aumentar el periodo de retención de un cliente podría ser tener un buen departamento de atención al cliente y una buena resolución de incidencias. Además, como el precio de los seguros también es muy competitivo, para aumentar las compras medias de cada cliente lo que hacen es intentar venderte más seguros. ¿Que ya tienes el seguro del coche? Mira este seguro del hogar tan bonito... Todas las técnicas de *bundling* (agrupar productos en lote) tienen como objetivo subir el precio medio de cada compra.

La siguiente derivada sería calcular lo que se llama el ***customer lifetime value*** (CTLV, **valor de vida del cliente**), que nos da una idea del beneficio adicional que nos trae cada cliente:

LA FÓRMULA MAESTRA

CTLV = LTV × margen bruto (%)

Este dato es muy importante porque nos permite saber cuánto podemos gastarnos en captar a un cliente nuevo, que es lo siguiente que vamos a calcular.

¿CUÁNTO PUEDES GASTARTE EN CAPTAR UN CLIENTE?

Antes de ponernos con los números, un pequeño recordatorio:

VERDADES INCÓMODAS

Normalmente es mucho más barato conservar un cliente que captar uno nuevo. Moraleja: cuida a tus clientes como oro en paño.

Y ahora vamos con otras siglas de esas pintonas que se bandean en las reuniones de los inversores de capital riesgo: el ***custo-***

mer acquisition cost (CAC); dicho en cristiano, el **coste de adquisición de un cliente.**

LA FÓRMULA MAESTRA

CAC = costes de *marketing* y ventas/número de clientes nuevos

Lo bueno es que ya tenemos el dato de los costes de *marketing* y ventas de nuestra cuenta de PyG, y solo necesitamos el número de clientes nuevos que hemos captado en ese periodo para saber cuánto nos ha costado cada uno de ellos.

Lo interesante es que, como todo en finanzas, las cosas se conectan y un cálculo muy útil para ver si tus inversiones en *marketing* y ventas están siendo efectivas es medir la ratio LTV:CAC.

Obviamente, si lo que te cuesta captar a un cliente es más que el dinero que te va a dar ese cliente, es decir, si la ratio es menor que 1, tienes un problema gordo.

EL TRUCO DEL ALMENDRUCO

Tener una ratio LTV: CAC saludable es clave para ganar dinero con tu negocio.

Generalmente, se considera que una ratio LTV:CAC saludable sería alrededor de 3-4. Es decir, que cada cliente te traiga entre tres o cuatro veces lo que te cuesta.

En teoría, podríamos pensar que cuanto más alto, mejor, pero números demasiado altos, más de 5 o 6, podrían indicar que no estás invirtiendo suficiente en *marketing* y que tu negocio podría crecer más y más rápido si lo hicieras.

En general, esta ratio utiliza el LTV, pero, realmente, lo ideal sería calcularla con el CLTV, es decir, teniendo en cuenta el margen bruto que te deja cada cliente.

Si tienes una ratio CLTV:CAC entre 3 y 5, tu negocio pinta muy bien.

Podría ser que, si tienes un producto muy novedoso que la gente estaba esperando como agua de mayo, al principio tu ratio sea mejor; pero lo normal es que, a medida que el mercado vaya madurando y tu negocio asentándose, cada vez sea más difícil mantener esas ratios en valores tan altos.

Este dato también es muy útil para saber cuánto te puedes gastar en *marketing* y qué retornos (en términos de clientes captados) debería darte cada campaña que hagas.

Como ves, los números son fáciles de hacer, pero la información que nos dan vale su peso en plutonio enriquecido.

PARA NOTA

Si te ves capaz de analizar tu cuenta de resultados y hacer una para prever cómo va a ir tu negocio en el futuro (como mínimo un año, pero lo ideal sería entre dos y cinco), ya has avanzado muchísimo. De todas formas, antes de pasar al siguiente capítulo, asegúrate de tener los siguientes conceptos claros:

- ❑ La cuenta de resultados de tu empresa te dirá si tu negocio es rentable o no, y si te va a dar beneficios sostenibles en el futuro. Además, te permitirá analizar de dónde viene la rentabilidad (o la falta de ella) para que puedas tomar decisiones más acertadas.
- ❑ Lo primero y lo más importante para cualquier negocio es vender y, como emprendedor, te va a tocar vender, te guste o no. Cuanto antes empieces, mejor. No hace falta que lo tengas todo perfecto para salir al mercado.
- ❑ En las cuentas de pérdidas y ganancias (PyG), todas las cantidades van sin IVA y se asignan según el principio de devengo.
- ❑ Cuando planifiques tus ventas, tendrás que tener en cuenta la estacionalidad de tu negocio y distinguir entre unidades y precio para poder analizar mejor el éxito de tus estrategias de ventas y de precios.
- ❑ Deberías saber cuál es el tamaño de tu mercado y con qué parte puedes hacerte. Cuanto más escalable sea tu negocio, más porción de la tarta podrás comerte.
- ❑ El precio de tu producto lo pone el mercado, tu labor es averiguar qué precio están dispuestos a pagar tus clientes.
- ❑ El margen bruto te da una idea del beneficio que te deja cada unidad que vendas (sin tener en cuenta los gastos operativos), de la capacidad de fijación de precios que tienes y de lo eficiente que eres fabricando tu producto o prestando tu servicio a nivel de costes. Siempre debería ser positivo.
- ❑ Si tus gastos operativos se comen todo tu margen bruto, puede que tu negocio esté sobredimensionado.

- [ ] El EBITDA te da una idea de la eficiencia operativa de tu negocio.
- [ ] El EBIT incluye también el coste de depreciación de tus inversiones.
- [ ] El resultado antes de impuestos va a depender de la forma que elijas para financiar tu negocio. Pero, al final, lo que te quedará para tu bolsillo es el beneficio neto después de impuestos.
- [ ] El día que alcances el *breakeven*, tu negocio empezará a dar beneficios y tú a recuperar tu inversión.
- [ ] Es importante que entiendas cuánto valor te aporta cada cliente y cuánto puedes gastarte en adquirir un cliente nuevo.

CÓMO SABER SI TU NEGOCIO ES UNA BUENA INVERSIÓN

Si creías que, con esto de saber si tu negocio es o va a ser rentable, habías acabado tu periplo de avezado emprendedor, siento comunicarte que todavía te queda bastante tela que cortar.

Y es que un negocio puede ser rentable y, aun así, tener problemas financieros como por ejemplo de liquidez, si sus clientes pagan tarde, mal o —peor— nunca, o si te has endeudado demasiado o has hecho algunas inversiones que no están dando los frutos esperados.

Además, todavía no sabemos si lo que hemos invertido en este negocio ha resultado una buena inversión, ni tampoco lo que podría llegar a valer nuestra empresa si, llegado el caso, quisiéramos darle el pase.

Sin contar que, si quisiéramos pedir dinero a un banco, nos pedirían bastante más información de la que tan generosamente nos ofrece nuestra querida cuenta de resultados.

Pero tampoco nos vengamos abajo. Vamos por el buen camino, pero todavía tenemos que sudar la camiseta (o los números) un poco más. Así que basta de remolonear que, como dicen las malas lenguas y los gurús de Instagram, el tiempo es oro, *my friend*.

¿CÓMO ESTÁ MI EMPRESA, DOCTOR?

Lo que queremos saber ahora es hasta qué punto nuestra empresa está sana en términos financieros (recuerda que esto de *empresa* incluye a los autónomos del montón).

Para ello, además de saber si nuestro negocio va a dar beneficios, necesitamos saber con qué recursos cuenta para hacer frente a sus obligaciones (pagos a proveedores, deudas, entregas de productos a sus clientes, etcétera) y cómo se financian o se van a financiar estos gastos.

Y nada mejor que un balance de los de toda la vida para darnos esta información y muchos más datos interesantes sobre las tripas de nuestro negocio.

GRANDES PALABROS DE LA HISTORIA FINANCIERA

El **balance de situación** nos da una idea de la posición financiera de una empresa en un momento dado.

Es decir, mientras la cuenta de PyG te dice lo que ha pasado en el negocio en un periodo dado (como si fuera el Apple Watch diciéndote cuánto deporte has hecho y cuántas calorías has consumido en un mes), el balance es como si te haces unos análisis para ver cómo estás de colesterol, glóbulos rojos y leucocitos en un momento concreto. Dos cosas que, lejos de sustituirse, son complementarias, porque cuanto más sana sea tu vida, mejores serán los resultados de tus análisis.

Con el balance y la cuenta de resultados pasa lo mismo. Si tu negocio da buenos resultados, tu balance mejorará y tendrá una salud de hierro, lo que no quiere decir que no tengas alguna enfermedad o un punto débil agazapado por ahí que te pueda dar problemas.

¿QUÉ TIENE ESTE NOVIO TAN FORMAL QUE TANTO LE GUSTA A LA CUENTA DE RESULTADOS?

Básicamente, todo. Es decir, el balance nos dice todo lo que tiene una empresa; es un poco (o mucho) como el patrimonio de una persona o, como diría mi abuela, los posibles de este novio tan apañado.

Lo que pasa es que, en finanzas, las cosas que tenemos se llaman *activos.*

GRANDES PALABROS DE LA HISTORIA FINANCIERA

Según la AEAT, un **activo** es cualquier bien, derecho u otro recurso económico que pertenece a una persona física o jurídica, y que tiene un valor económico.

Entre nosotros, esto de que tenga un valor económico lo que quiere decir es que los activos son cosas que, o bien son directamente dinero, como cuentas corrientes, dinero en caja, etcétera, o que, antes o después, se pueden transformar en dinero.

Acabo de colar esto de «antes o después», así como quien no quiere la cosa, para introducir otro concepto importante de los activos: su *liquidez.*

GRANDES PALABROS DE LA HISTORIA FINANCIERA

La **liquidez de un activo** es la facilidad (o rapidez) con la que se puede transformar en dinero contante y sonante.

Es decir, el dinero en la cuenta es más líquido que el inventario que tengas en tu tienda, porque aunque previsiblemente no tarde mucho en venderse, falta un paso o, mejor dicho, un cliente, para que ese inventario se convierta en dinero contante y sonante.

El inventario, por su parte, es más líquido que la máquina registradora que, en principio, planeas usar durante varios años. Todavía menos líquido será el local que hayas comprado para tu tienda o negocio.

Esto que parece tan insignificante es más importante de lo que parece y la razón por la que algunos negocios pueden irse al garete, aunque sean rentables. Nada de leer en diagonal.

Precisamente porque **la liquidez es fundamental para un negocio,** cuando ponemos todos los activos de un negocio en fila en el balance, los ordenamos según sean más a menos líquidos:

Activos de una empresa

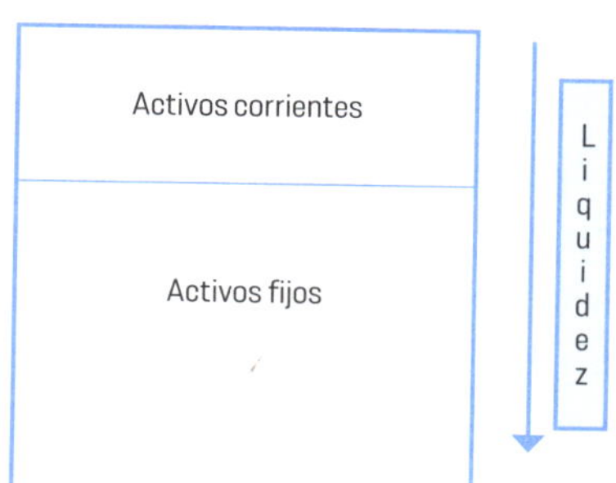

Arriba del todo estará el dinero que tenga la empresa en caja, en cuentas corrientes, etcétera, y, abajo, las inversiones más a largo plazo, como la maquinaria, los locales o los terrenos que tenga la empresa en propiedad.

Aprovecho este punto y aparte para mencionar que **en el balance solo saldrán los activos sobre los que la empresa tenga el control efectivo,** en el sentido de que le pertenezcan. Es decir, si alquilas tus oficinas, estas no aparecerán en tu balance, sino en el de la persona o empresa que te las alquile.

Para facilitarnos la vida un poco, la línea que separa un activo corriente o circulante de uno fijo es precisamente su liquidez. No tiene pérdida.

EL TRUCO DEL ALMENDRUCO

Los activos corrientes o circulantes son aquellos que se van a convertir en dinero, vender o consumir en el plazo de un año.

Además del dinero contante y sonante, sus equivalentes y los saldos positivos que tengamos en nuestras cuentas bancarias, también son activos corrientes —y, aquí viene lo interesante:

- El dinero que te deben tus clientes.
- Los inventarios o existencias de materiales y productos semiacabados y acabados.
- Las inversiones financieras a corto plazo que hayas hecho con el dinero de la empresa.
- Los gastos que hayas pagado por anticipado.
- Los créditos fiscales con un plazo inferior a un año, como las devoluciones de impuestos pendientes de recibir.
- El dinero que te deban tus empleados o accionistas por la razón que sea (esto te incluye a ti, si le debes dinero a tu S. L.).

Profundicemos un poco en esto, porque algunas cosas no son tan evidentes.

DEVENGANDO, QUE ES GERUNDIO

Ya vimos en el capítulo anterior que una venta se reconocía en la cuenta de resultados cuando efectivamente se había entregado el producto o prestado el servicio, independientemente de que el cliente te hubiera pagado o no. Pues bien, ya sabemos adónde van esas ventas realizadas, pero no cobradas (porque ya te adelanto que en el mundo financiero nada se deja en el limbo): al apartado de **«activos corrientes: cuentas por cobrar»** de tu balance.

¿Cómo que una deuda es un activo? Coincido en que parece un poco el mundo al revés, pero es que, al entregarle el producto al cliente, lo que has generado es un **derecho de cobro**, es decir, algo que, aunque no te ha dado dinero todavía (porque no te ha pagado), se va a convertir en dinero en un futuro cercano, la mismita definición de *activo*. Cierto es que a este activo no le puedes hincar el diente, como a tu inventario o a tu *stock* de materias primas, pero sigue siendo un derecho que te va a dar dinero en breve y, por lo tanto, es un activo.

El día en que tu cliente te pague, lo darás de baja de esas «cuentas por cobrar» y de alta en la «cuenta de efectivo» de tu balance o en la del banco en el que te hayan pagado.

Como ves, el total de activos no habrá cambiado, lo que habrá cambiado es la liquidez, que ahora será un poco mayor, porque aunque las dos cosas son activos corrientes, el efectivo es más líquido que las cuentas por cobrar.

Antes de que el cliente pague

Activos corrientes	**6.900 €**
Efectivo	1.000 €
Cuentas bancarias	5.000 €
Cuentas por cobrar	900 €

Después de que el cliente pague 150 €

Activos corrientes	**6.900 €**
Efectivo	1.150 €
Cuentas bancarias	5.000 €
Cuentas por cobrar	750 €

Y lo mismo con tus inventarios y tus compras de materiales. Como vimos en el capítulo anterior, los costes de producción de tus productos o servicios no se reconocerán en tu cuenta de resultados hasta que se vendan, es decir, hasta que salgan de tu almacén o, lo que es lo mismo, de tu balance que es donde se aparca todo hasta que entra en la cuenta de pérdidas y ganancias.

Por eso, las compras o los gastos de producción en los que vayamos incurriendo antes de vender los productos se «activan» (para que veas que los financieros también somos poetas) en nuestro balance hasta que, el día que se vendan o utilicen, se den de baja.

Veámoslo con un ejemplo, que es más fácil.

Pongamos que en nuestro negocio de camisetas lo que hacemos es comprar camisetas en China para venderlas en España.

El día que compramos esas camisetas, las daremos de alta en nuestro inventario y, por ende, en nuestro balance como un activo corriente. Cuando las vendamos, las daremos de baja de nuestra cuenta de inventario en el balance y, ahora sí, entrarán como coste de los bienes vendidos en nuestra cuenta de resultados.

Como ves, nada se pierde. Lo que pasa es que algunas cosas, como los inventarios y las inversiones, pueden estar aparcadas en nuestro balance una temporada y, como se pueden transformar en dinero (porque además de tener un valor, te van a ayudar a ganar dinero o a ahorrarte gastos futuros), hay que tenerlas controladas.

De la misma manera, si pagamos alguna cosa por adelantado, como, por ejemplo, un año de alquiler de nuestra oficina, lo que haremos es reconocer ese pago anual como un activo en la cuenta de **«activos corrientes: pagos anticipados»** y, según vayan pasando los meses, iremos dando de baja el alquiler de cada mes de esa cuenta y reconociendo el gasto en nuestra cuenta de pérdidas y ganancias.

Esto de clasificar un gasto como un activo es un poco contraintuitivo, lo sé, pero lo que quiere representar es que, cuando pagas algo por adelantado, estás generando un derecho de uso futuro que tiene un valor y del que te vas a poder beneficiar.

Es decir, es un recurso que vas a utilizar o consumir más adelante. Un poco como si compras muchos bolis para ir gastando a lo largo del año. Lo que pasa es que estos gastos por adelantado, como no son ni materiales ni existencias, no se pueden inventariar. Volviendo al alquiler, en diciembre podrás beneficiarte de ese año adelantado que pagaste en enero y seguir utilizando la oficina.

Al final, se trata de sumar todo (ya sean bienes materiales, derechos o bienes intangibles) lo que tiene nuestro negocio a su disposición para generar valor y ganar dinero, desde deudas de clientes (un derecho de cobro) hasta pagos por adelantado (un derecho de uso) pasando por existencias de materiales e inventario (bienes materiales).

Y con los activos a largo plazo, las inversiones más gordas que hacemos en nuestro negocio, pasa lo mismo, con una pequeña vuelta de tuerca más.

INVERSIONES, DEPRECIACIONES Y OTRAS BESTIAS MITOLÓGICAS

Recordarás que, cuando hacemos un gasto gordo, como comprar maquinaria, un local o solicitar una patente (no solo de los activos tangibles vive el hombre), no lo metemos en la cuenta de pérdidas y ganancias porque son cosas que vamos a utilizar durante un periodo más largo y no sería justo imputarle todo el gasto a ese periodo cuando vamos a seguir utilizando esas cosas durante más tiempo.

GRANDES PALABROS DE LA HISTORIA FINANCIERA

Los **activos fijos** de una empresa son bienes tangibles, intangibles o inversiones que no están destinados a la venta, sino que sirven a la empresa para funcionar, de los que no se espera que se conviertan en efectivo (es decir que se vendan) ni que se consuman en el siguiente año.

Lo que se hace, entonces, es dar de alta esa inversión en tus activos fijos en el balance e ir descontando la depreciación o la amortización anual para ir reconociendo el uso que hacemos de esa inversión cada año.

Por eso, en la parte de activos fijos de nuestro balance tendremos dos líneas: la que recoge el valor de la inversión cuando la pagamos y otra con la depreciación o amortización que vayamos acumulando.

Lo que pretende reflejar esta depreciación o amortización acumulada es el valor que ha ido perdiendo ese activo a lo largo del tiempo, ya sea por desgaste (por ejemplo, una máquina, cuanto más vieja sea, más cerca estará de dejar de funcionar definitivamente) o porque le queda menos para que pueda seguir utilizándose sin reinvertir en mejoras o actualizaciones (como un inmueble) o directamente porque tiene una vida útil cuyo fin se acerca cada día más (como un ordenador o una patente).

EL TRUCO DEL ALMENDRUCO

El concepto de **depreciación** o **amortización** no tiene sentido para los activos corrientes o circulantes, porque van a estar tan poco tiempo en manos de la empresa (menos de un año) que lo normal es que no sufran una pérdida de valor o un desgaste significativo.

Pongamos, por ejemplo, que hemos conseguido patentar durante diez años una tecnología que vamos a utilizar para comercializar un producto o servicio. El día que paguemos la patente, imaginemos que son 10.000 euros, daremos de alta esta cantidad en nuestro balance en la cuenta de «activos fijos: patentes». De momento, la cuenta de resultados ni se entera de que hemos hecho este gasto (como si tu novio te hubiera comprado un regalo que no te ha dado todavía).

Cuando hagamos la cuenta de resultados del año, reconoceremos la amortización correspondiente a ese año como un gasto y descontaremos esa amortización en el balance en la cuenta de «activos fijos: amortización y depreciación», de manera que el valor contable de esa patente en nuestro balance ahora será lo que pagamos en su día menos la amortización que hayamos acumulado.

Cuando hacemos la inversión

Activos fijos	**10.000 €**
Patentes	10.000 €
Amortización acumulada	– €

Cuando hemos amortizado un año

Activos fijos	**9.000 €**
Patentes	10.000 €
Amortización acumulada	-1.000 €

Tiene sentido hacerlo así porque si ya ha pasado un año desde que nos concedieron la patente, ahora ya solo nos quedan nueve años para explotarla, por lo que el valor que tiene esa patente para nuestro negocio ha disminuido. O lo que es lo mismo: reconocemos esa amortización anual como un coste porque, si no le hemos sacado partido ese año para generar ventas, ya no lo vamos a poder recuperar. Es decir, hemos gastado un año de uso de esa tecnología en exclusiva y, como tal, tiene que aparecer en nuestra cuenta de resultados.

EL TRUCO DEL ALMENDRUCO

Normalmente, las cuentas de activos del balance tienen un saldo positivo, porque son cosas que tenemos. Las cuentas de amortización y depreciación son una excepción, porque reflejan precisamente el desgaste o la pérdida de vida útil acumulada de esos activos.

Este tipo de cuentas que van a contracorriente se llaman **contracuentas.**

Como veis, el total de nuestros activos nos dice qué cosas con valor económico tiene la empresa. Lo que pasa es que, normalmente, los principios contables de prudencia hacen que la mayoría de los activos fijos (salvando algunos) estén dados de alta en tu balance con su valor original (lo que se llama **coste histórico**), restando la depreciación acumulada, lo que en el caso de los terrenos o las propiedades inmobiliarias, por ejemplo, puede no tener nada que ver con el valor de mercado de esa propiedad ahora mismo.

*** QUE NO SE TE OLVIDE**

El valor de tus activos en los libros (en el balance) puede estar bastante lejos de su valor de mercado actual, lo que, en caso de venderlos, puede dar lugar a ganancias (o pérdidas) extraordinarias.

¿Te acuerdas de esas dos líneas que pusimos al final de la cuenta de resultados, los ingresos y gastos extraordinarios? Pues esta es una de las razones por las que pueden darse. Hablaremos más de esto en breve.

Ahora que ya tenemos nuestros activos, tanto corrientes como fijos, bien ordenaditos en nuestro balance y sabemos qué recursos tiene nuestro negocio a su disposición para seguir con su *business as usual*, nos falta ver de dónde han salido o, lo que es lo mismo, quién paga esta boda.

¿QUIÉN PAGA ESTE BANQUETE?

No tiene mucho misterio. Básicamente, todo lo que tenga un negocio lo habrá tenido que financiar de alguna forma. Y, para financiar un negocio tienes dos opciones: poner pasta o pedirla prestada, poquito más.

Antes de seguir, una advertencia: **no todos los autónomos están obligados a llevar una contabilidad completa y a hacer un balance de situación,** pero, aunque no sea una obligación formal, es muy útil para entender mejor tu negocio y tomar mejores decisiones. Además, puede ser necesario para pedir financiación o algunos tipos de ayudas, por lo que, en mi humilde opinión, hacerlo siempre compensa.

*** QUE NO TE LA DEN CON QUESO**

No todos los autónomos están obligados a llevar una contabilidad completa, pero nunca está de más.

Los autónomos que coticen en el régimen de estimación directa normal y los que hayan decidido constituir una sociedad mercantil sí tienen que hacerlo por narices, así que, ya que tenemos que hacer el trabajo sucio, qué menos que entender lo que estamos haciendo para sacarle el mayor partido posible.

Como decíamos, el dinero para hacerse con todos los activos que tenga nuestro negocio en su haber ha tenido o tendrá que salir de alguna parte, y eso precisamente es lo que nos dice la otra columna de nuestro balance: la de los pasivos y los fondos propios.

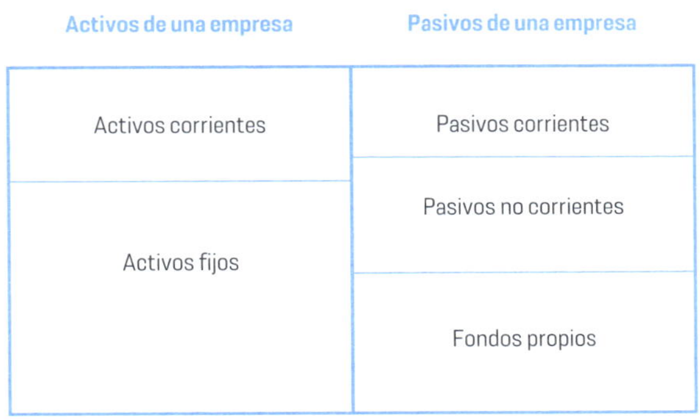

Lo que nos dice este diagrama tan pintón es que, en esencia, todos los activos que tengamos, sean del tipo que sean, se han pagado con dinero de la columna derecha.

Como ves, las dos columnas son exactamente igual de altas, lo que quiere decir que suman lo mismo. Es decir, si tienes unos activos por valor de 20.000 euros, tus pasivos y tus recursos propios también sumarán 20.000 euros, simple y llanamente porque nada es gratis en esta vida perra.

GRANDES PALABROS DE LA HISTORIA FINANCIERA

El **pasivo** de una empresa es el conjunto de deudas y obligaciones pendientes de pago, es decir, lo que debe.

Dicho mal y pronto, la columna de los activos nos dice qué cosas tiene nuestro negocio en propiedad, y la columna de los pasivos nos dice con qué hemos pagado esas cosas y quién nos ha prestado el dinero para hacerlo.

Aunque paguemos cosas de la caja del negocio (que es un activo) para que haya dinero en la caja o en la cuenta del banco, tendrá que haber salido de alguna parte: o bien te lo ha prestado alguien, o lo has puesto tú de tu bolsillo.

Por eso, en la columna de la derecha de nuestro balance tiene que haber dos partes: los pasivos, que representan el dinero que el negocio ha pedido prestado, y los fondos propios, que son lo que hemos puesto nosotros (o nuestros socios) de nuestro bolsillo. Es decir, lo que hemos invertido en el negocio.

Igual que los activos, los pasivos pueden ser corrientes (también conocidos como circulantes) o fijos, y la distinción vuelve a estar en el plazo o, mejor dicho, en la liquidez.

EL TRUCO DEL ALMENDRUCO

El pasivo corriente o circulante de tu negocio serán todas las deudas, cuentas abiertas con proveedores y obligaciones, como impuestos o pagos a la Seguridad Social, que tengas que pagar en los siguientes doce meses.

Son **pasivos corrientes,** entre otros:

- **Cuentas por pagar** si, por ejemplo, pagas a tus proveedores a sesenta o noventa días, o tienes alguna cuenta pendiente de pago.
- **Préstamos a corto plazo** o cualquier **deuda financiera** que tengas que devolver en menos de un año, incluyendo líneas de crédito y préstamos bancarios.
- **Gastos acumulados o devengados,** si has incurrido en algún gasto (reconocido en la cuenta de pérdidas y ganancias) que no has pagado todavía.

- **Impuestos por pagar** y cualquier **obligación tributaria** que haya que liquidar antes del plazo de un año.
- **Anticipos de clientes.** Esta es interesante, porque recordarás que, según el principio de devengo, aunque un cliente te haya pagado, la venta no se reconocerá en la cuenta de PyG hasta que hayas entregado el producto o prestado el servicio. Y aquí precisamente es donde se aparcan esos pagos por adelantado de tus clientes: en tu pasivo corriente.
  Parece un poco raro que algo que has cobrado por adelantado vaya a la columna de las deudas, pero es precisamente porque, al haber cobrado (el pago sí que aparecerá en la caja en tus activos corrientes) y sin embargo no haber entregado el producto o servicio, estás en deuda con tu cliente hasta que cumplas con tu parte del trato y le entregues el producto o le prestes el servicio.
- **Porciones corrientes de deudas a largo plazo,** que es la parte de tus deudas a largo plazo que vencen dentro del próximo año.

Por la misma regla de tres, los pasivos fijos serán todas aquellas deudas u obligaciones cuyo plazo sea más largo que un año.

GRANDES PALABROS DE LA HISTORIA FINANCIERA

Los **pasivos fijos o no corrientes,** también conocidos como pasivos a largo plazo, son aquellas obligaciones financieras que una empresa debe pagar en un plazo superior a un año.

Por eso, si nuestro negocio tiene una hipoteca, la parte de esta que vayamos a amortizar en el siguiente año pasará de los pasivos fijos a los corrientes, para que sepamos en cada momento cuántas deudas vamos a tener que pagar y qué obligaciones vamos a tener que satisfacer en los siguientes meses.

Entre otros, son **pasivos fijos o no corrientes:**

- **Préstamos a largo plazo,** como suelen ser las hipotecas.
- **Provisiones a largo plazo** para cubrir obligaciones futuras, como indemnizaciones por despido, jubilaciones y otros beneficios destinados a empleados. Se trata de reservar un dinero que previsiblemente vas a necesitar en el futuro.

GRANDES PALABROS DE LA HISTORIA FINANCIERA

Una provisión es un pasivo que se constituye para reservar dinero o recursos para hacer frente a una obligación o pago futuro.

- **Pasivos por impuestos diferidos.**
- **Deuda subordinada o,** lo que es lo mismo, deudas que, en caso de liquidación de la empresa, se pagan después de que se hayan satisfecho todas las demás obligaciones de deuda.

He dejado este último punto aquí, aunque es un poco más complejo de lo que nos ocupa en este libro, porque, aunque las deudas también se ordenan en la columna de pasivo según su liquidez, hay otro concepto importante que hay que tener en cuenta: el **orden en que cobrarían tus deudores** en caso de que la empresa quebrara o se liquidara.

Digamos que, llegado el caso de liquidación, lo que harías sería empezar a vender tus activos y, con lo que vayas obteniendo, irás pagando a tus deudores siguiendo el orden que establece la ley. Es lo que se denomina **orden de prelación** y tiene como objetivo garantizar que se pague a los acreedores de manera justa y sistemática. El orden típico sería el siguiente:

- **Gastos de liquidación.** Primero se pagan los costos administrativos y legales del proceso de liquidación. Esto incluye honorarios de abogados, contadores y otros profesionales involucrados en el proceso. No te sorprenderá saber que lo primero que hace todo el mundo que trabaja en la liquidación de una empresa es asegurarse de que ellos van a cobrar, y luego ya seguir currando.

- **Deudas con garantía real.** A continuación, se pagan las deudas garantizadas por activos específicos de la empresa, como hipotecas sobre propiedades o préstamos garantizados por inventarios o equipos. Es decir, si tienes una hipoteca sobre un local, por ejemplo, el banco que te ha dado la hipoteca tiene derecho a cobrar la parte que le corresponda de la venta de ese local antes que nadie.
- **Salarios y beneficios de los empleados.** Siempre se priorizan los salarios, beneficios y compensaciones debidas a los empleados frente a otros deudores. Esto puede incluir indemnizaciones por despido, vacaciones no pagadas y otros beneficios acumulados. Si no da, con un poco de suerte, intervendrá el FOGASA.
- **Impuestos y obligaciones fiscales.** Por supuesto, Hacienda y la Seguridad Social se reservan el derecho de ponerse lo antes posible en la cola.
- **Deudas no garantizadas.** Cubiertas las deudas con las Administraciones Públicas, se pagarán las no garantizadas, incluyendo acreedores comunes, como proveedores, contratistas y otros prestamistas no garantizados. Si no hay suficiente para pagarles a todos, se paga a prorrata, es decir, en proporción a la cantidad que se les debe.
- **Accionistas.** Y ya, por último, si queda algo, estaríamos nosotros y cualquier otro accionista que pueda tener la empresa. Es decir, independientemente del dinero que hayas invertido en tu S. L., si la liquidas, solo vas a recuperar lo que quede después de saldar el resto de deudas. Si queda algo. Lo bueno es que, si no hay suficiente para pagar a todos los deudores, no te verás obligado a responder con el resto de tu patrimonio personal.

Si eres un autónomo del montón, el último en cobrar, por supuesto, también serás tú, pero, además, responderás ante las deudas que pudieran quedar pendientes después de liquidar los activos del negocio con todo tu patrimonio personal. Esto es importante, porque podrías tener que responder con tu casa o con tus ahorros personales. Ya dijimos, además, que si estás casado en régimen de gananciales respondes con todo el patrimonio familiar (menos los bienes privativos de tu pareja).

GRÁBATELO A FUEGO

Como autónomo persona física, en caso de quiebra o liquidación, respondes con todo tu patrimonio personal, no solo con lo que hayas puesto en el negocio.

Pero como este libro está pensado para que nos vaya de lujo, no hace falta meter el dedo en esta llaga. La clave es entender que cualquier persona física o jurídica a la que le debamos algo, ya sea un proveedor al que pagamos a noventa días, un cliente que nos haya pagado por adelantado, un banco que nos ha dado un crédito o la mismísima AEAT (si le debemos alguna liquidación de impuestos), nos está ayudando a financiar el negocio. Tenlo en cuenta.

El problema (o la oportunidad, no nos pongamos mustios) es que, normalmente, va a ser imposible que otro nos financie todo y tendremos que aportar parte de nuestro bolsillo, por lo menos al principio.

RECURSOS PROPIOS Y OTRAS FORMAS DE DECIR QUE LA PASTA LA PONES TÚ

Si restamos los pasivos de los activos, lo que tenemos es el patrimonio neto de la empresa. Es decir, la parte que «debemos» a nuestros accionistas o inversores (incluidos nosotros mismos, claro) o, lo que es lo mismo, el dinero que han puesto para financiar el negocio y que algún día esperan recuperar con creces.

LA FÓRMULA MAESTRA

Patrimonio neto = activos – pasivos

En el caso de los autónomos del montón, esa será la parte que han financiado o que van a tener que financiar de su bolsillo, mientras que en el caso de los autónomos con sociedades mercantiles, será la parte que han puestos ellos o cualquier otro inversor o socio que tenga la empresa.

Como hemos dicho por activa y por pasiva (valga la redundancia), todo lo que entra y todos los bienes que acumule una empresa tienen que salir de alguna parte y ser financiados por alguien que llegado el caso, por ejemplo, de quiebra, nos los podría reclamar.

No negaré que suena un poco gris: «Todo lo que entra sale», «O lo paga el banco, o lo pagas tú», «Todo lo que tienes se lo debes a alguien». Y es verdad, pero me he guardado un as en la manga porque...

GRÁBATELO A FUEGO

Las empresas existen para crear valor.

Poca gracia tendría la cosa si Apple nos vendiera los iPhone por el precio de sus componentes o, dicho de otra forma, ¿estarías dispuesto a pagar lo mismo si te mandaran los materiales y las piezas del iPhone sin montar a tu casa? Seguro que no, porque lo que hacen las empresas es crear un todo que vale más que la suma de sus partes: el famoso **valor añadido,** tan conocido que tiene hasta su propio impuesto, el IVA.

Y ¿para quién demonios crea valor un negocio? Pues para sus dueños o accionistas o, si eres autónomo, para ti mismo.

Pero aquí no se acaban las buenas nuevas, porque el valor que crea un negocio ya lo sabemos: es el beneficio neto que tan minuciosamente hemos calculado en la cuenta de PyG.

Como vimos, cuando nuestra empresa genera beneficios, tenemos dos opciones: cobrarnos todo ese valor añadido, es decir, sacarlo del negocio y llevárnoslo calentito o dejar todo o parte en el negocio para seguir financiando su crecimiento.

En el caso de las S. L., esto es exactamente así, pero en el caso de los autónomos esta decisión es un poco más conceptual, porque, de primeras, cobras todo el beneficio y, a cambio, tienes que responder tú por todas las necesidades presentes o futuras de tu negocio. Lo que no está de más es saber a cuánto asciende esta cantidad.

El dinero que dejes en la empresa (el beneficio que no repartas en forma de dividendos en una S. L. o el dinero que reinviertas en el negocio en caso de un autónomo) pasará a formar parte de los recursos propios de esta.

EL TRUCO DEL ALMENDRUCO

Cuando una empresa da beneficios, puede aumentar sus recursos propios sin necesidad de recurrir a financiación externa o de poner más dinero.

Cuando decíamos que una empresa tiene dos formas de financiarse, mediante deuda o mediante la inversión de sus accionistas, no mentíamos. **Una de las formas en las que los inversores pueden financiar la empresa es no repartiéndose todos los beneficios que vaya generando el negocio y reinvirtiéndolos para generar todavía más beneficios.**

✱ QUE NO SE TE OLVIDE

Si en lugar de cobrar (y gastarte) todos los beneficios que vaya dando tu negocio, los reinviertes en él para que crezca todavía más o para reforzar su posición financiera, te estarás aprovechando del poder multiplicador del **interés compuesto.**

Siguiendo con el patrimonio neto de la empresa, en la parte de recursos propios de nuestro balance tendremos:

- **Capital social.** Es el dinero contante y sonante que ponen los socios. Aunque, en realidad, también se pueden poner bienes o derechos si, por ejemplo, algún socio tiene una patente o un local y lo aporta a la empresa.
- **Prima de emisión.** Muchas veces, cuando se incorporan socios cuando la empresa ya está rodando, no queremos que entren en las mismas condiciones que los socios fundadores, puesto que una vez que la empresa ya está en marcha, ya se ha hecho mucha parte del trabajo sucio y el riesgo es menor. Para eso, se hace una **ampliación de capital,** pero a cada participación o acción, en lugar de ponerle el valor nominal (que se decidió el día que se constituyó la empresa), se le pone ese valor más una prima de emisión o, lo que es lo mismo, un sobreprecio, de manera que estos accionistas están pagando más por la misma acción o participación (y por los mismos derechos de voto o de cobrar dividendos). Esto se hace para ingresar más dinero sin diluirse demasiado (es decir, sin perder porcentaje).

- **Reservas.** Son beneficios no distribuidos que se retienen en la empresa para fortalecer su posición financiera, ya sea por obligación legal (recuerda que en las S. L., hasta que los recursos propios asciendan a un mínimo de 3.000 euros, estás obligado a dedicar el 20 % de los beneficios a una reserva), ya sea porque así lo establecen los estatutos de la empresa, o porque así lo han decidido los propietarios por la razón que sea.
- **Resultados acumulados.** Son los beneficios (o las pérdidas) acumulados que no se han distribuido como dividendos ni se han destinado a reservas.
- **Subvenciones, donaciones, legados y cualquier ayuda no reembolsable** (si son reembolsables se trataría de deudas y formarían parte de los pasivos, no de los recursos propios).
- **Ajustes por cambios en el valor razonable.** Hablaré más sobre ello en un par de párrafos.

Igual que los beneficios se pueden ir acumulando incrementando los fondos propios de la empresa, las pérdidas que se produzcan las tendrán que absorber los accionistas (o el autónomo), e irán reduciendo dichos fondos propios, pudiendo llegar a la quiebra técnica si las pérdidas se los comen enteros.

GRANDES PALABROS DE LA HISTORIA FINANCIERA

Se dice que una empresa está en **quiebra técnica** cuando la suma de todos sus activos es menor a la suma de todos sus pasivos. Es decir, cuando tiene un patrimonio neto negativo o, lo que es lo mismo, cuando debe más de lo que tiene.

Hablamos de esto porque es necesario entender el concepto, pero, insisto, lo suyo es que no lleguemos a vernos en esas, así que vamos a ver lo último que nos falta para entender bien un balance y poder sacarle astillas.

¡Que no decaiga!

TODO LO QUE ENTRA SALE

Lo he dicho varias veces y lo volveré a repetir alguna vez más: eso de que todo lo que entra sale y aquello de que nadie da duros a cuatro pesetas, al final, se traduce en una ecuación muy simple que sustenta toda la contabilidad del mundo mundial.

LA FÓRMULA MAESTRA

Activos = pasivos + fondos propios

Lo mejor de esta ecuación es que se cumple siempre, tanto si tienes una *start-up* en Silicon Valley como si tienes un puesto de nabos en un pueblo de Cuenca. Además, no se cumple solo en total, cualquier transacción financiera del tipo que sea tiene que cumplir esta ecuación a rajatabla. Veámoslo con algunos ejemplos que lo van a dejar cristalino.

Retomemos la venta de nuestras archifamosas camisetas. Ya dijimos que, cuando compramos camisetas en China para nuestro inventario, si pagamos en el momento tendríamos una transacción activo-activo:

Caja (activos corrientes) = –1.000 €
Inventario (activos corrientes) = +1.000 €

Con lo cual, a nivel de nuestra ecuación contable, como las dos modificaciones de los activos se cancelan, tendríamos:

0	=	0	+	0
(activos)		(pasivos)		(recursos propios)

Si en lugar de pagar las camisetas al contado, se las pagáramos al proveedor a noventa días, tendríamos las siguientes transacciones:

1.000 (activos corrientes: inventario)	=	1.000 (pasivos corrientes en cuentas por pagar)	+	0 (recursos propios)

El día que pagáramos a nuestro proveedor y saldáramos nuestra deuda, pasaría lo siguiente:

−1.000 (activos corrientes: cuenta bancaria)	=	−1.000 (pasivos corrientes en cuentas por cobrar)	+	0 (recursos propios)

Ahora supongamos que nos compran las camisetas por 1.500 euros al contado. Lo que pasaría en nuestro balance sería lo siguiente:

−1.000 (activos corrientes: inventario)	+	1.500 (activos corrientes: caja)	=	0 (pasivos)	+	1.500	−	1.000
						(recursos propios: ganancias acumuladas vía cuenta de resultados)		

Resumiendo:

500 (activos tras dar de alta el pago en la caja y de baja las camisetas en el inventario)	=	0 (pasivos)	+	500 (1.500 en ventas − 1.000 del coste de los bienes vendidos)

GRÁBATELO A FUEGO

Todo lo que pasa en nuestra empresa en términos económicos, queda registrado en nuestro balance, cumpliendo a rajatabla nuestra ecuación de cabecera. Lo que pasa es que algunas cosas llegan por un camino más largo, a través de la cuenta de resultados, para llegar a nuestros fondos propios en forma de beneficio acumulado (o pérdida acumulada).

Ojo, porque estas cantidades que llegan al balance vía la PyG influirán en el impuesto de sociedades (o el IRPF de autónomo), no nos creamos más ricos de lo que somos.

Si, después de cerrar nuestro año contable y saber cuál ha sido el beneficio neto de la empresa, decidimos repartir 1.000 euros de dividendos, tendría el siguiente efecto en nuestro balance:

−1.000 (activos corrientes: cuenta del banco)	=	0 (pasivos)	−	1.000 (fondos propios: resultados acumulados)

Si has entendido esto, has entendido la piedra angular de toda la contabilidad. ¡Choca esos cinco!

Y es que esta ecuación lo explica todo. Siguiendo con nuestras cábalas, imagina que queremos inyectar 6.000 euros a nuestro negocio y los ponemos directamente de nuestro bolsillo (si somos autónomos del montón) o hacemos una ampliación de capital (si tenemos una S. L.). Pues bien, en tal caso la transacción quedaría registrada así en nuestro balance:

6.000 (activos corrientes: cuenta bancaria)	=	0 (pasivos)	+	6.000 (recursos propios: capital social o capital social y prima de emisión)

Si en lugar de ponerlos nosotros, nos los prestara un banco, pasaría lo siguiente:

6.000 (activos corrientes: cuenta bancaria)	=	6.000 (pasivos)	+	0 (recursos propios)

Para ser exactos, de los 6.000 euros de pasivo, la parte correspondiente al siguiente año se registraría en el **pasivo circulante,** y el resto en el **pasivo no corriente o fijo** (consulta la página 183).

Además, si pagamos una cuota mensual por este préstamo de 177 euros, de los que 157 euros son amortización de capital, y 20 euros, intereses, la transacción que tendríamos que registrar sería:

−177 (activos corrientes: cuenta bancaria)	=	−157 (pasivos corrientes)	-	20 (recursos propios vía cuenta de resultados)*

* Recuerda que los intereses de las deudas se reconocen como gasto al final de nuestra cuenta de resultados.

Al final, el balance es el resultado de la historia de nuestra empresa y cada paso que damos queda registrado. El día antes de montar el negocio, el balance estaría a cero en las dos columnas. Al día siguiente, lo normal es que reciba su primera inyección de fondos propios, que quedará reflejada en la caja y en el capital social. A partir de entonces, el balance irá evolucionando con cada transacción que hagamos.

Realmente, el balance se puede hacer en «tiempo real», pero como hemos visto que muchos elementos entran en el balance después de pasar por la cuenta de resultados, lo normal es hacer un balance al principio y al final de cada periodo y cuadrarlo con la cuenta de resultados de ese periodo, de manera que el balance de cierre de un año será el balance de apertura del siguiente ejercicio.

Se hace así porque **el balance se va acumulando desde el inicio de la actividad hasta su cese, mientras que la cuenta de PyG, como se calcula solo para un periodo en concreto, empieza desde cero cada vez.**

Antes de pasar a analizar nuestro balance, una última cosita para aprobar nuestro curso de finanzas con matrícula de honor...

VENTAS DE ACTIVOS Y OTROS ANIMALES EXÓTICOS

Ya comenté hace algunos párrafos que lo normal es que los activos fijos de una empresa estén dados de alta en el balance por lo que costaron en su día (menos la depreciación que hayan acumulado). Pero, claro, este valor puede parecerse muy poquito al valor de mercado actual de esos bienes.

Entonces, ¿qué pasa si los vendemos?

Pues que tendremos una ganancia (o pérdida) extraordinaria. Imaginemos que tenemos un local que en su día nos costó 100.000 euros y que lo vendemos por 120.000 euros. Lo que pasaría en nuestro balance sería lo siguiente:

120.000 (activos corrientes: cuenta bancaria)	–	100.000 (activos fijos)	=	0 (pasivos)	+	20.000 (recursos propios vía cuenta de resultados)

Existe todavía otra vuelta de tuerca para ciertos activos, sobre todo financieros, que según la normativa se pueden tener en el balance con el valor razonable actual en lugar del histórico. Esto es nivel cinturón negro de yudo, si te conformas con el blanco-amarillo, puedes pasar al epígrafe siguiente tranquilamente.

Supongamos, por ejemplo, que hemos comprado acciones de una empresa cotizada por valor de 50.000 euros, pero que, por lo que sea, el valor de mercado actual de esa inversión es de 45.000 euros, lo que significaría que nuestra inversión ahora vale 5.000 euros menos. Lo que haríamos sería registrar la siguiente transacción en nuestro balance.

-5.000 (activos fijos: inversiones financieras)	=	0 (pasivos)	–	5.000 (recursos propios: ajustes por cambios en el valor razonable)

Si un mes más tarde vendiéramos esa inversión por 47.000 euros, la transacción sería la siguiente:

47.000 (activos corrientes: cuenta bancaria)	–	45.000 (activos fijos: inversiones financieras)	=	0 (pasivos)	+	2.000 (recursos propios vía cuenta de resultados)	–	5.000	+	5.000 (recursos propios: ajustes por cambios en el valor razonable)

Esto es un poco (mucho) lío porque lo que estamos haciendo es, primero, deshacer el ajuste que habíamos hecho del valor razonable y luego reconocer el beneficio o pérdida con respecto al coste original de la inversión en la cuenta de resultados.

La diferencia primordial es que los ajustes que se hacen directamente en el balance sin pasar por la cuenta de resultados (como el primero), como no están en la cuenta de PyG, no se tienen en cuenta para calcular el impuesto de sociedades, mientras que el día que de verdad vendas, el resultado neto de la inversión entrará en la cuenta de resultados y se tendrá en cuenta para el cálculo del impuesto de sociedades. Si eres un autónomo del montón, solo pasarás por la caja del IRPF el día que deshagas la inversión; el resto es solo para saber si en ese momento estás (teóricamente) ganando o perdiendo algo.

Ponte una medallita, porque has conquistado al padre de todos los estados financieros: el balance. A partir de aquí, es todo cuesta abajo sin frenos.

COSAS QUE TU BALANCE DICE DE TI

¿VAS A PODER PAGAR TUS FACTURAS?

El primer diente que le miraremos siempre a un balance es lo que se llama **fondo de maniobra,** también conocido por su nombre en inglés, *working capital,* que no es más que la diferencia entre tus activos corrientes y tus pasivos corrientes.

LA FÓRMULA MAESTRA

Fondo de maniobra = activo circulante – pasivo circulante

Este dato es muy importante, porque nos dice cómo de fácil o de difícil lo vamos a tener para pagar las facturas a corto plazo.

Si lo piensas, el activo corriente de tu empresa son todos los activos líquidos que tienes o, dicho de otra forma, los recursos con los que puedes contar para pagar tus facturas el siguiente año, porque lo normal es que tus activos fijos se queden donde están. Tu pasivo circulante, por otro lado, te dice las deudas (u otro tipo de obligaciones financieras a corto plazo) que vas a tener que pagar el próximo año.

Por eso, **si tu activo circulante es menor que tu pasivo circulante, eso significa que no tienes suficientes recursos líquidos para pagar tus facturas.** Puede que tengas muchísimos activos fijos, pero, como vimos, no están ahí para venderlos y transformarlos en «pasta», así que, en principio, no puedes contar con ellos para pagar las cuotas de tus préstamos ni las facturas de tus proveedores. Si tienes que vender una máquina para pagar a un proveedor, mal vamos.

Para que tu negocio funcione sin sudar la gota gorda cada vez que te toque pagar una factura, es necesario que tus activos circulantes sean mayores que tus pasivos corrientes o, lo que es lo mismo, cualquier negocio sano debería tener un fondo de maniobra positivo.

Otra forma de mirarlo, quizá más intuitiva, es como una ratio.

LA FÓRMULA MAESTRA

Ratio de liquidez corriente = activo circulante/pasivo circulante

Visto así, diremos que una empresa no va a tener problemas para hacer frente a sus pagos a corto plazo si esta ratio es mayor que uno. Cualquier valor por debajo de uno es preocupante.

¿ESTÁS PREPARADO SI LA COSA SE PONE FEA?

Esto del fondo de maniobra está muy bien, pero si la cosa se pone realmente fea, hay ciertos activos considerados corrientes, como los inventarios, que, aunque sean relativamente líquidos, en un momento dado pueden ser difíciles de vender o que tengas que venderlos por debajo de precio (reduciendo el total de tus activos circulantes). Por eso, si intuyes que vienen mal dadas, es importante mirar otra ratio, llamada **test ácido o *quick ratio*,** para hacer hincapié en lo dramático del asunto.

LA FÓRMULA MAESTRA

***Quick ratio* = (activo circulante – inventarios)/pasivo circulante**

Si esta ratio es mayor que uno, podemos pensar que, aunque la cosa se ponga muy negra, tenemos liquidez suficiente para pagar nuestras facturas más inmediatas.

Estos ratios de liquidez son muy útiles para evitar problemas de tesorería, pero hay otro tipo de cálculos que nos van a ayudar a prevenir problemas de solvencia.

GRANDES PALABROS DE LA HISTORIA FINANCIERA

Mientras la **liquidez** nos da una idea de la capacidad de una empresa para afrontar sus obligaciones a corto plazo, la **solvencia** mide la capacidad de una empresa para afrontar sus obligaciones a largo plazo.

¿TE HAS ENDEUDADO POR ENCIMA DE TUS POSIBILIDADES?

Para valorar si tu negocio se puede enfrentar a problemas de solvencia en un futuro, es importante tener las ratios de deuda controladas.

La primera de estas ratios, la de endeudamiento propiamente dicha, nos dice si la empresa se financia fundamentalmente con deuda o con inversión de sus dueños o accionistas.

LA FÓRMULA MAESTRA

Ratio de endeudamiento = pasivos totales/patrimonio neto

Esta ratio nos da una idea de la estructura de capital de la empresa, porque nos dice cuántos euros de deuda tenemos por cada euro de capital propio.

Es difícil establecer un rango saludable, porque depende muchísimo del tipo de negocio, pero digamos que cualquier resultado por debajo de uno (más capital propio que deuda) se considera bajo riesgo, entre uno y dos, puede estar justificado según el tipo de negocio, y, a partir de dos, estamos hablando ya de un nivel de riesgo considerable que habrá que mirar con lupa.

Dicho esto, cuando una empresa está empezando, puede ser normal que su ratio de endeudamiento sea alto, si ha tenido la suerte de convencer a alguien para que le preste pasta.

Otra forma de verlo es analizando la proporción entre deuda y activos de la compañía.

LA FÓRMULA MAESTRA

Ratio de deuda/activos = pasivos totales/activos totales

Realmente, la información es la misma, pero esto lo que nos dice es que, si la ratio es menor que 0,5, estaremos financiando menos de la mitad de nuestros activos con deuda, lo que representa un riesgo moderado. Como digo, depende mucho del sector y del modelo de negocio, pero, para hacernos una idea, entre 0,5 y 0,6 sería aceptable según para qué negocio; a partir de 0,6 supone ya un nivel de riesgo respetable, porque estaríamos financiando más del 60 % de nuestros activos a través de la deuda.

Y no nos olvidemos de que la deuda tiene un coste, los **intereses,** que tendremos que pagar de nuestro beneficio operativo o, más en concreto, de nuestro EBIT. Para asegurarnos de que no nos estamos pillando los dedos asumiendo demasiada deuda, hay que mirar también lo fácil o difícil que nos va a resultar pagar esos intereses.

LA FÓRMULA MAESTRA

Ratio de cobertura de intereses = EBIT/intereses

Si esta ratio está por encima de 3, significa que, en principio, no deberíamos tener problemas para pagar el coste de nuestra deuda con los beneficios del negocio. Entre 1,5 y 3, sería decente, pero habría que andar con ojo si los ingresos bajan o los tipos de interés suben. Por debajo de 1,5, a nada que tengamos una caída de ingresos puede que nos cueste cubrir el coste de la deuda y nos podemos meter en un buen lío.

Pero no solo de deuda vive el balance. Hay otros datos que nos pueden dar información muy curiosa y, cómo no, útil.

LA VIDILLA QUE TIENE TU INVENTARIO

Un aspecto fundamental para muchos negocios es la gestión de inventario. Básicamente, cuanto más rápido rote tu inventario, mejor, porque eso significa que te quitan los productos de las manos y que no tienes productos (que al final son dinero) sentados en las baldas cogiendo polvo, quedándose obsoletos o pasados de moda.

Para eso, hay que controlar la rotación de nuestro inventario con esta formulita tan sencilla...

LA FÓRMULA MAESTRA

Rotación de inventario = coste de los bienes vendidos/ inventario medio del periodo

El dato del coste de los bienes vendidos lo tomamos de nuestra cuenta de PyG, y luego cogemos el inventario que había en el balance de apertura al empezar el periodo y el inventario al final del periodo del balance de cierre, y hacemos la media.

Esto lo que nos dice es las veces que hemos vendido el inventario completo en un año: dos, tres, cinco veces... Aunque a mí, por ejemplo, me resulta más intuitivo medirlo en días con la siguiente fórmula:

LA FÓRMULA MAESTRA

Días de inventario = inventario medio del periodo × 365/coste de los bienes vendidos

Esta ratio nos dice cuántos días, de media, está nuestro inventario sin vender. Es decir, si nos salen once días de inventario significa que nuestros productos tardan, de media, once días en venderse..., que ya quisieran muchos.

Si nos salieran 300 días, en cambio, significa que tardamos 10 meses en vender nuestro inventario, lo que es bastante menos eficiente, porque significa que el dinero está parado todo ese tiempo y que existe un riesgo potencial de que no se venda o de que se estropee o pierda valor por la razón que sea.

Aunque cuanto más corto sea el ciclo de inventario, mejor que mejor, va a depender mucho del tipo de producto que vendamos. Si pensamos en tiendas de ropa, por ejemplo, es normal que una marca de lujo tenga una rotación de inventario menor (o más días de inventario) que una marca *low cost*.

CÓMO DE GENEROSOS SON TUS PROVEEDORES

Ya vimos que, si no les pagas al contado, tus proveedores y demás acreedores te están ayudando a financiar tu negocio. De hecho, las empresas con mucho poder sobre sus proveedores, como, por ejemplo, Inditex o muchos fabricantes de coches, explotan esto al máximo imponiendo unas condiciones de pago leoninas a sus proveedores, puesto que, para muchos, ellos son el cliente más importante, si no el único. No digamos ya si tu cliente es la Administración…

Tengamos ese poder de negociación o no, es importante saber qué cantidad están financiando tus proveedores y, como siempre, nadie mejor que tu balance y tu cuenta de resultados para decírtelo.

LA FÓRMULA MAESTRA

Rotación de cuentas por pagar = compras (calculadas como inventario inicial + coste de los bienes vendidos – inventario final) / cuentas por pagar (saldo medio)

Como ves, para calcular lo que hemos comprado durante el periodo, tomamos los datos de inventario de nuestro balance a principio del periodo, los del final del periodo y los costes de los bienes vendidos de la cuenta de PyG porque…

Inventario inicial + compras – ventas = inventario final

Luego, dividimos las compras entre el saldo medio de las «cuentas por pagar» de nuestro pasivo corriente.

Saldo medio de cuentas por pagar = (saldo cuentas por pagar en el balance de apertura + saldo de cuentas por pagar en el balance de cierre)/2

Cuanto más alta sea esta ratio, más rápido pagas a tus proveedores. En principio, cuanto más baja sea, es decir, cuanto más te puedas permitir el lujo de pagar tarde, mejor en términos financieros, pero si esta ratio se va incrementando con el tiempo, puede significar también que la empresa está teniendo problemas para pagar a sus proveedores.

En otras palabras, si pagas tarde porque así te lo han aceptado tus proveedores, fenomenal, pero si pagas tarde porque te cuesta pagar, tienes un problema.

Como con el inventario, a mí me resulta más intuitiva la ratio en días.

LA FÓRMULA MAESTRA

Días que tus proveedores te financian = cuentas por cobrar (media del periodo) × 365/compras

Esto lo que te dice es cuantos días tardas de media en pagar a tus proveedores. Y, lo dicho, si tardas mucho porque así lo habéis pactado, divino, pero si estos plazos empiezan a alargarse porque te cuesta pagar, tienes un problema.

CUÁNTO LES FÍAS A TUS CLIENTES

Igual que tus proveedores te financian a ti, si no te pagan al contado, tú también estás financiando a tus clientes, con el riesgo que esto implica.

En este caso, lo que querríamos es financiar a nuestros clientes lo menos posible, aunque nuestro poder de negociación en este sentido va a depender mucho de quiénes sean estos clientes y cuánto dependamos de ellos.

LA FÓRMULA MAESTRA

Rotación de cuentas por cobrar = ventas/cuentas por cobrar (valor medio)

El cálculo es todavía más fácil que el de los proveedores, porque cogemos las ventas directamente de nuestra cuenta de resultados. En este caso, cuanto más alto sea el número, más rápido te pagan tus clientes, pero yo sigo prefiriendo medirlo en días para tener una idea más aproximada; además, me permite compararlo mejor con lo que tardo yo en pagar a mis proveedores.

LA FÓRMULA MAESTRA

Días que financias a tus clientes = cuentas por cobrar (valor medio) × 365 / ventas

LO RÁPIDO QUE HACES CAJA

Ya va siendo hora de cerrar este círculo, porque ahora que ya hemos calculado los días de inventario, cuántos días nos financian nuestros proveedores y los días que financiamos nosotros a nuestros clientes, ya podemos calcular nuestro **ciclo de conversión de caja** o, lo que es lo mismo, el tiempo que tardamos en convertir nuestras compras de inventario en ingresos contantes y sonantes.

LA FÓRMULA MAESTRA

Ciclo de conversión de caja = días de inventario + días que financias a tus clientes – días que te financian tus proveedores

Obviamente, cuanto menos tardes en convertir tu inversión en inventario en dinero contante y sonante, mejor que mejor.

La palma en esto se la llevan algunas marcas de moda *low cost* que tienen un ciclo de conversión de caja negativo. ¿Cómo que negativo? Pues sí, negativo, lo que significa que los inventarios de estas marcas no los financia la empresa de moda, sino sus proveedores. Es difícil montárselo mejor.

Finiquitados los indicadores más petardos, aunque no por eso menos útiles, vamos con el meollo de la cuestión.

¿TU NEGOCIO ES UNA BUENA INVERSIÓN?

Hasta ahora nos hemos concentrado en cómo saber si nuestro negocio es rentable desde el punto de vista operativo (en el capítulo anterior) y en cómo saber si la empresa tiene una salud financiera a prueba de sustos (en el apartado anterior), pero todavía no sabemos si nuestro negocio es una inversión interesante para nosotros o para un inversor externo, o si nos iría mejor invirtiendo nuestro dinero en otra parte.

Aunque gracias a nuestra querida y nunca bien ponderada cuenta de resultados sepamos que nuestro negocio nos va a dar un beneficio *x* o *y*, no es lo mismo que nos dé 10.000 euros habiendo invertido 50.000, que que nos dé esos 10.000 euros habiendo invertido 100.000 euros.

No hay que tener un doctorado en finanzas cuantitativas para ver que, como inversor, será más interesante el primero que el segundo.

ROE, QUE TE QUIERO ROE

Eso es precisamente lo que mide el ***return on equity*** (ROE, retorno o rentabilidad sobre fondos propios), es decir, el retorno que nos da la inversión. O lo que es lo mismo, cuánta rentabilidad vamos a tener por cada euro invertido en nuestro negocio.

LA FÓRMULA MAESTRA

ROE = beneficio neto/patrimonio neto

Más fácil, imposible. Con esto ya vemos que mientras el ROE de un negocio que nos da 10.000 euros invirtiendo 50.000 euros es de un 20 %, el de otro negocio que nos dé ese mismo beneficio neto, habiendo invertido el doble, 100.000 euros, es exactamente la mitad.

Recordemos que el patrimonio neto de la empresa (los fondos propios) es precisamente lo que siguen teniendo invertido los accionistas, ya sea porque lo pusieron en su día o porque han elegido no repartir todos los beneficios para dejar ese dinero invertido en la empresa.

Cuanto mayor sea el ROE, más interesante será el negocio como inversión. Si buscamos inversores, por ejemplo, estos estarán interesados en saber qué ROE pueden esperar para compararlo con otras inversiones posibles y decidir.

Por su misma definición, el ROE irá variando según el negocio dé más o menos beneficios, por eso puede ser interesante analizar no solo su valor actual o proyectado, sino también su evolución en el tiempo.

Aunque este numerito tan sencillo ya nos dice mucho de lo interesante que es nuestro negocio como inversión, se le puede sacar mucho más jugo.

Lo bonito del ROE, por muy simple que parezca, es que se puede descomponer para saber de dónde viene esa rentabilidad.

LA FÓRMULA MAESTRA

ROE

=

margen de beneficio neto × retorno sobre activos × apalancamiento

=

$$\frac{\text{beneficio neto}}{\text{ventas}} \times \frac{\text{ventas}}{\text{activos}} \times \frac{\text{activos}}{\text{patrimonio neto}}$$

Estos tres componentes nos dirán si la rentabilidad (o la ausencia de esta) viene del negocio, de la eficiencia de la empresa a la hora de utilizar sus recursos o de su nivel de deuda.

Como veremos enseguida, no todas las fuentes de rentabilidad han sido creadas iguales ni implican los mismos riesgos para nuestra inversión. Así que vamos a ver esos componentes uno a uno en detalle.

RENTABILIDAD PURA Y DURA

Estamos de suerte, porque el primer componente del ROE, el beneficio neto sobre ventas, ya lo hemos analizado en el capítulo anterior.

Poco más que añadir, más allá de que puede ser interesante seguir pelando la cebolla y descomponerlo, a su vez, en sus elementos, para ver en qué nivel de la cuenta de PyG se genera (o se pierde) el beneficio.

LA FÓRMULA MAESTRA

Beneficio neto/ventas

$$= \frac{\text{beneficio neto}}{\text{beneficio antes de impuestos}} \times \frac{\text{beneficio antes de impuestos}}{\text{EBIT}} \times \frac{\text{EBIT}}{\text{ventas}}$$

El primer componente, el beneficio neto/beneficio antes de impuestos, nos dirá qué parte de la rentabilidad perdemos (o ganamos, en comparación con otros) por los impuestos, un elemento sobre el que muchas veces no tenemos demasiado control.

El segundo componente, el beneficio antes de impuestos/EBIT, nos dirá qué parte de nuestra rentabilidad se va en pagar el coste de la deuda, por lo que empresas más endeudadas tendrán un peor coeficiente que otras empresas menos endeudadas o con unas condiciones mejores. Los ingresos o gastos extraordinarios, si los hay, también tendrán un impacto sobre este coeficiente porque tienen más que ver con el uso que hacemos de nuestro capital que con el negocio en sí.

Finalmente, el componente EBIT/ventas nos dirá qué parte de la rentabilidad viene del negocio en sí. Esta es la rentabilidad «pata negra», la que depende de la eficiencia operativa de nuestra empresa y refleja el valor que está creando con su negocio y el que podemos esperar que sea sostenible en el tiempo.

Como siempre, utilizar ratios es ideal para comparar entre empresas y para evaluar la evolución en el tiempo de una misma empresa. Ver cómo evolucionan estas ratios a lo largo del tiempo (o en relación con tus proyecciones) te va a permitir saber en qué tienes que fijarte para mejorar tus resultados.

Sigamos que todavía nos queda faena.

DAME VENTAS QUE TRAIGO ACTIVOS

El segundo componente del ROE, ventas/activos, nos da una idea de la eficiencia de la empresa para generar negocio a partir de sus recursos.

Ya dijimos que los activos son los recursos de una empresa, es decir, el dinero que tenemos «empantanado» en la empresa para que pueda funcionar. Esta ratio lo que nos dice es cuántas ventas generamos con cada euro que tenemos secuestrado al servicio de la empresa. Es decir, **cuánta leña (recursos) hay que echarle a esta locomotora (negocio) para que funcione (venda).**

No es lo mismo generar unas ventas de 100.000 euros con unos activos de 100.000 euros que con unos activos de 1.000.000 de euros. El primer negocio sería muchísimo más eficiente en el uso de sus recursos para generar el mismo volumen que el otro; en concreto, 10 veces más eficiente.

Lo que pasa es que muchas veces lo intensivo en recursos que sea tu negocio (la cantidad de activos que necesite para funcionar) no va a depender tanto de ti como del tipo de negocio en sí. Difícilmente podrás manufacturar un producto sin un mínimo de estructura productiva. Aun así, podemos analizar su evolución y, cuando nos planteemos una inversión en activos, valorar si va a mejorar o empeorar nuestra eficiencia para ver si merece la pena.

¡Ojo!, porque esta ratio nos da una idea de lo eficientes que son las inversiones que hace la empresa para generar ventas, pero no nos dice nada de lo rentable que es el negocio en sí (eso ya nos lo dice el componente anterior). De hecho, en muchos casos, modelos de negocio con unas ventas sobre activos no muy allá lo compensan con un beneficio neto mejor que otros negocios con mejores ventas sobre activos, pero un beneficio neto sobre ventas más normalito.

Por ejemplo, un fabricante de maquinaria pesada probablemente necesite bastantes inversiones en activos para funcionar, pero, a cambio, tendrá un margen neto alto. Un restaurante de comida rápida, en cambio, probablemente consiga generar muchas ventas con sus activos (porque es capaz de servir muchas comidas en poco tiempo) a cambio de tener un beneficio neto bajo debido a los precios reducidos de sus productos.

Si quisiéramos seguir pelando la cebolla, podríamos analizar si el pozo de eficiencia se debe a los activos circulantes o a los fijos, que es lo más normal.

Si el coco de tu eficiencia está en los activos corrientes, puede que tu gestión de inventario sea mejorable, que tengas demasiado dinero parado en caja o que estés financiando a tus clientes por encima de tus posibilidades.

Si la culpa la tienen los activos fijos, en cambio, tendrás que valorar si las inversiones en terrenos, instalaciones, maquinaria o lo que sea son interesantes o si, quizá, tendría más sentido alquilar o buscar alguna fórmula alternativa para aligerar la carga o para invertir ese dinero que tenemos «parado» en otras cosas que nos puedan ayudar a incrementar más las ventas.

EL MILAGRO DE LOS PANES Y LA DEUDA

Este último componente del ROE te va a sorprender, porque no depende para nada de lo bien o mal que vaya el negocio o del partido que la empresa saque a sus activos, pero puede multiplicar la rentabilidad de nuestra inversión sin despeinarse.

Y es que el apalancamiento, que es lo que mide esta última ratio, lo que nos dice es qué estructura de capital tiene nuestro negocio, es decir, qué parte se financia con deuda y qué parte con recursos propios.

GRANDES PALABROS DE LA HISTORIA FINANCIERA

La **estructura de capital** es la combinación específica de deuda y recursos propios que una empresa utiliza para financiar sus operaciones.

Decimos que un negocio está muy apalancado cuando financia una gran parte de sus activos mediante deuda. En principio, lo de estar muy endeudado no suena muy positivo, pero la deuda, a pesar de su mala fama, usada con cabeza, puede ser una palanca para multiplicar los retornos de la empresa. Vamos a hacer números, para ver este efecto en acción.

Imagina dos empresas que tienen la misma ratio de ventas sobre activos (120 %) y la misma rentabilidad neta (10 %), con la sutil diferencia de que una es de un autónomo del montón que financia todo de su bolsillo, mientras la otra es una S. L. que ha conseguido un préstamo para financiar, por ejemplo, el 50 % de sus activos.

Pues bien, por el simple hecho de haber conseguido un préstamo, la segunda empresa tendrá un ROE dos veces mejor que la otra, porque sus inversores habrán tenido que poner la mitad del dinero para conseguir los mismos retornos.

$$ROE_1 = 1{,}2 \times 0{,}1 \times 1 = 12\ \%$$

$$ROE_2 = 1{,}2 \times 0{,}1 \times (1/0{,}5) = 24\ \%$$

Parece magia, pero son matemáticas. No es de extrañar que a esta ratio se la conozca también como **multiplicador de patrimonio.**

«¡Pues a endeudarnos todos!», pensarán los más animados. Pero, claro, la deuda, igual que puede multiplicar las ganancias, también puede multiplicar las pérdidas, por lo que el segundo negocio es una inversión de más riesgo que la primera.

VERDADES INCÓMODAS

La rentabilidad es siempre, repito, siempre una recompensa al riesgo.

Por eso, antes de apalancarnos como si no hubiera un mañana, hay que evaluar bien los riesgos y asegurarse de que la empresa tiene unas ratios de endeudamiento, una rentabilidad y unos costes de la deuda asumibles. Y lo mismo si vamos a invertir en un negocio con mucha deuda.

Como ves, el ROE esconde muchos más trapos sucios de lo que parece y te puede ayudar a rentabilizar tu inversión más y mejor.

ROCE, OTRA VUELTA DE TUERCA

Otra ratio que causa furor entre los analistas financieros, es el ROCE, un primo no tan lejano del ROE que lo que mide es la capacidad de generar beneficios del capital que emplea la empresa.

LA FÓRMULA MAESTRA

ROCE = EBIT / (Activos totales – pasivos corrientes)

El ROCE lo que nos dice es cuanto beneficio vamos a generar con cada euro que le metamos al negocio, independientemente de que ese euro sea prestado o lo hayan puesto los inversores.

Es decir, el ROCE no tiene en cuenta la estructura de capital de la empresa, por eso se utiliza el EBIT en lugar del beneficio antes de impuestos, porque el EBIT tampoco tiene en cuenta los intereses que son, precisamente, el coste de esa estructura de capital.

Mientras que el ROE mide el retorno que da el negocio para el inversor, el ROCE nos da una idea del retorno que es capaz de generar un negocio con el capital que le inyectamos, es decir, de lo eficiente que es una empresa generando beneficios a partir del capital que tiene a su disposición.

Se dice que el capital empleado en una empresa (el denominador de nuestro ROCE) son los activos totales menos los pasivos corrientes, porque se trata de saber la parte de los activos que la empresa utiliza para generar beneficios o, en otras palabras, el dinero que tenemos que invertir para generar retornos. Por eso descontamos la parte de los activos corrientes destinada a cubrir los pasivos corrientes, porque ese dinero está ahí solo para hacer frente a las deudas y obligaciones a corto plazo y no lo podemos emplear para nada más.

Si algún día quieres vender parte o todo tu negocio, los inversores potenciales van a mirar estos números con la avidez de un buitre carroñero, más vale que estés preparado.

Hablando de vender, la siguiente pregunta lógica sería…

ENTONCES, ¿CUÁNTO VALE TU EMPRESA?

Pero me temo que, aunque ya tenemos mucha información para hacernos una idea de lo que puede valer nuestro negocio, todavía no la tenemos toda.

De momento, sabemos lo que se llama ***book value*** o **valor contable** de nuestra empresa, que no es más que el patrimonio neto.

Lo que pasa es que una empresa puede tener mucho valor que no está reflejado en sus libros contables, como, sin ir más lejos, ganancias no realizadas sobre el valor histórico de sus activos o cosas más difíciles de cuantificar, como un equipo de gestión con mucho talento, una clientela muy fiel, mucho potencial de crecimiento o una marca potente. A ver quién es el guapo que le pone precio a marcas como Apple o Coca-Cola.

Pero no sufras, que en el capítulo siguiente daremos respuesta a esta pregunta tan espinosa.

PARA NOTA

Antes de pasar al siguiente capítulo, asegúrate de que te han quedado claros los siguientes conceptos:

- [ ] El balance de situación es una foto de la posición financiera de la empresa en un momento dado.
- [ ] Los activos son todos los bienes, recursos y derechos con valor económico que tiene una empresa para funcionar.
- [ ] Los activos se ordenan en el balance por su liquidez:
  - Los activos corrientes son aquellos que se van a vender o consumir en el siguiente año.
  - Los activos fijos no están destinados a su venta o consumo a corto plazo, sino que sirven a la empresa en sus operaciones. Para reconocer el uso, desgaste o pérdida de vida útil de los activos fijos habrá que ir amortizándolos o depreciándolos en el tiempo.
  - Los activos fijos suelen valorarse en el balance según su coste original, por lo que puede haber ganancias o pérdidas latentes escondidas.
- [ ] Todos los activos de una empresa tienen que financiarse o con los pasivos o con los fondos propios de esta.
- [ ] El pasivo de una empresa está formado por el conjunto de obligaciones y deudas pendientes de pago. Es decir, lo que debe.
- [ ] Los recursos propios representan lo que han invertido los dueños o accionistas, ya sea poniendo dinero o porque no se han repartido todos los beneficios que ha generado el negocio y los han dejado invertidos en el negocio.
- [ ] Toda la contabilidad se puede reducir a una ecuación que se cumple siempre:

Activos = pasivos + fondos propios

Todas las transacciones de nuestro negocio cumplen esta ecuación contable, pero algunos elementos llegan al balance a través de la cuenta de PyG en forma de beneficios o de pérdidas acumuladas.

- [ ] El fondo de maniobra te da una idea de si vas a tener problemas de liquidez a corto plazo.
- [ ] El test ácido te informa de cuánto dinero tienes para pagar tus facturas más inmediatas si la cosa se pone fea.
- [ ] Tus ratios de endeudamiento y de cobertura de intereses te permiten detectar posibles problemas de solvencia.
- [ ] Analizar tu ciclo de caja te ayuda a transformar tus compras de inventario en dinero contante y sonante más rápido.
- [ ] Para saber si tu negocio es una buena inversión, lo mejor es analizar el ROE y sus distintos componentes, para entender si el retorno proviene de la rentabilidad pura y dura del negocio, de la eficiencia a la hora de utilizar los recursos de la empresa o de su estructura de capital.
- [ ] La deuda nos puede ayudar a multiplicar los retornos de una empresa, pero implica más riesgos.
- [ ] El ROCE nos da una idea del retorno que genera un empresa con cada euro de capital.

AL FINAL, EL EFECTIVO SIEMPRE ES REY

Hemos hablado largo y tendido sobre la rentabilidad del negocio y sobre el retorno que podemos esperar de nuestra inversión, pero al final lo que todos queremos es tener pasta a buen recaudo en el banco para poder tirar de ese dinero cuando lo necesitemos.

De poco nos sirve ser ricos sobre el papel si luego cuando vamos a pagar no tenemos saldo en la cuenta. Por eso, aunque el balance y la cuenta de PyG te dan toda la información financiera del negocio, conviene rascar un poco más para ver cómo andamos de dinero del que hace «clin, clin» en el bolsillo y suma muchos ceros en el banco.

Dicho mal y pronto, lo que queremos saber es cuánto dinero tenemos para pagar y gastar.

CASH-FLOW, EL DINERO «PATA NEGRA»

Lo que nos interesa ahora es saber qué ha pasado con nuestra caja. Es decir, cuánto dinero ha salido de nuestras arcas y cuánto ha entrado durante el periodo que estemos considerando, para ver si acabamos mejor o peor de lo que empezamos. Un poco como si miráramos los movimientos de nuestra cuenta corriente.

Por eso, nuestro estado de **flujos de efectivo,** también conocido como ***cash-flow***, se puede resumir así:

LA FÓRMULA MAESTRA

Saldo inicial + movimientos de tesorería = saldo final

Nos referimos aquí al saldo inicial de caja y de todas las cuentas de efectivo o equivalentes y a aquellas cuentas bancarias que pueda tener la empresa. Es decir, al dinero líquido con el que cuenta la empresa para pagar a sus empleados o a sus proveedores o para saldar sus deudas a corto plazo. Una cuenta de efectivo puede ser *cash* en una caja fuerte, no tiene por qué ser una cuenta bancaria.

GRANDES PALABROS DE LA HISTORIA FINANCIERA

Los **equivalentes de efectivo** son todos aquellos activos financieros que pueden transformarse en dinero líquido en 90 días o menos, como los fondos monetarios, algunas letras del tesoro, o el papel comercial.

Podemos sacar tanto el saldo inicial como el saldo final de nuestros balances de apertura y cierre del periodo. Solo nos faltaría clasificar los movimientos de tesorería.

Para ello, podemos coger la lista de todas las transacciones del periodo que han afectado a la caja y clasificarlas según su naturaleza en los siguientes tipos de flujos de caja:

- *Cash-flow* de actividades operativas o *cash-flow* operativo.
- *Cash-flow* de actividades de inversión.
- *Cash-flow* de actividades de financiación.

Lo que buscamos es diferenciar los flujos de caja que vienen del negocio en sí de los que provienen de inversiones o de operaciones de financiación.

Es decir, si un cliente nos paga, eso sería un flujo de caja operativo, mientras que si vendemos un terreno, se trataría de un flujo de caja proveniente de nuestras inversiones. Del mismo modo, si nos han concedido un préstamo o hemos hecho una ampliación de capital y nuestros inversores han puesto dinero, se trataría de un flujo de caja de actividades de financiación. Además, los intereses que paguemos por nuestras deudas también formará parte de los flujos de caja de operaciones financieras.

Es decir, los flujos de caja de operaciones financieras van a depender de la estructura de capital de la empresa.

Tiene sentido dividir los flujos de caja así porque los flujos de caja operativos representan el dinero contante y sonante que está generando y consumiendo el negocio en sí, mientras que los flujos de inversión o de financiación son más arbitrarios y dependen de decisiones estratégicas que no tienen que ver con el negocio puro y duro, por lo que tampoco podemos contar con que se van a mantener ni con que van a ser estables a lo largo del tiempo. Dicho de otro modo, que vendamos un terreno o recibamos una inyección de dinero de un inversor no significa que el año que viene vayamos a tener esos mismos ingresos.

FREE CASH-FLOW, LA JOYA DE LA CORONA

Pero la medida de *cash-flow* por excelencia, la que tiene a los analistas financieros babeando, es el **flujo de caja libre** o ***free cash-flow***, si te quieres dejar caer por Wall Street.

Lo que pretende medir el flujo de caja libre es el dinero que nos queda al final del periodo para pagar nuestras deudas o para recompensar a nuestros inversores vía dividendos. Es decir, es el *cash-flow* de la empresa independientemente de cómo se financie.

LA FÓRMULA MAESTRA

Flujo de caja libre = flujo de caja operativo + flujo de caja de inversiones

Visto de otra manera, el flujo de caja libre de una empresa será el mismo independientemente del nivel de apalancamiento (deuda), porque no tiene en cuenta ni los intereses ni las amortizaciones de nuestra deuda, ni los dividendos ni las inyecciones de capital de nuestros inversores.

Y es el flujo de caja por excelencia, porque nos da una idea del dinero contante y sonante que genera nuestro negocio, teniendo en cuenta las inversiones que tenemos que ir haciendo para mantener el negocio en marcha o para impulsar su crecimiento.

La ventaja frente al *cash-flow* operativo es precisamente que tiene en cuenta que, para que un negocio crezca o simplemente se mantenga, hay que seguir invirtiendo, aunque solo sea en reponer o actualizar los activos que se vayan estropeando o deteriorando. Una empresa que no invierta nada puede tener temporalmente mejores flujos de caja libre, pero lo más probable es que, a larga, no crezca, y que el negocio empiece a resentirse por la falta de inversión.

La desventaja frente a considerar solo el flujo de caja operativo, porque de todo tiene que haber en la vida del analista financiero, es que, al incluir las inversiones, no va a ser tan homogéneo ni tan predecible como el flujo de caja operativo.

Sea como fuere, un flujo de caja libre saludable le va poner el corazón contento, como diría Marisol, a cualquier inversor o banco que esté valorando prestarte dinero, porque significa que te va a quedar mucho dinerito para recompensarlos por financiar tu negocio.

Y es que, si nos fijamos, el flujo de caja libre nos da una idea del dinero que nos queda para costear el flujo de caja de las operaciones financieras.

LA FÓRMULA MAESTRA

Flujo de caja operativo
+
Flujo de caja de inversiones
=
Flujo de caja libre
+
Flujo de caja de operaciones financieras
=
Flujo de caja del periodo
+
Saldo inicial
=
Saldo final

Como decía, para clasificar nuestras entradas y salidas de caja en los tres tipos de flujos de caja (operativo, de inversiones y de operaciones financieras), podríamos coger directamente la lista de todas las transacciones del periodo y clasificarlas a manubrio. Pero aprovechando que el Pisuerga pasa por la cuenta de resultados…

EL HIJO BASTARDO DEL BALANCE Y LA CUENTA DE RESULTADOS

Recordarás que en el primer capítulo de este libro tan intenso hablamos de que había dos criterios contables, el de devengo y el de caja, y de cómo, aunque algunos autónomos pueden acogerse al criterio de caja, lo normal es que tengamos que pasar por el aro del devengo, nos guste o no.

Si no existiera el criterio de devengo, que desvincula los ingresos y los costes de los ingresos y los pagos, la cuenta de resultados y el *cash-flow* serían iguales; de hecho, para aquellos autónomos acogidos al criterio de caja, lo es.

Es más, si todos nuestros clientes nos pagaran al contado y, a su vez, nosotros pagáramos a nuestros proveedores en el momento, nuestra cuenta de resultados y nuestro *cash-flow* se parecerían muchísimo. De hecho, a nivel del EBITDA serían calcaditos.

A nivel de EBIT, la película ya sería distinta, porque la diferencia entre reconocer una inversión cuando se hace el gasto o ir reconociendo la depreciación anual es muy diferente, pero, hasta el EBITDA, digamos que la cuenta de resultados y el *cash-flow* tienen un parecido más que razonable. Algo así como Kevin Bacon y Ethan Hawke o, para los *millennials,* como Katy Perry y Zooey Deschanel.

EL TRUCO DEL ALMENDRUCO

El EBITDA se utiliza como una aproximación (relativamente burda) del *cash-flow* operativo de una empresa.

Lo que se parezcan el EBITDA y el *cash-flow* va a depender mucho (aunque no solo) del **ciclo de conversión de caja** que calculamos en el capítulo anterior. **Cuanto más corto sea el ciclo de conversión de caja de una empresa, más se parecerán, porque significa que pasa menos tiempo desde que gastas hasta que cobras.**

Volviendo al cauce del Pisuerga, como decía, el criterio de devengo es el culpable de que la cuenta de resultados y el estado de flujos de efectivo no sean gemelos idénticos, por lo que otra forma de calcular el *cash-flow* —de hecho, la más utilizada— es partiendo de la cuenta de resultados y apoyándonos en el balance, gracias a nuestra querida ecuación contable, que, como sabemos, es más universal que la ley de la gravedad.

Suena un poco retorcido, y lo es, pero si llegas a entender esto conceptualmente (no te pido que seas capaz de calcularlo, sino que lo entiendas), ya sabrás más que mucha gente que trabaja en finanzas.

Aquí se esconde el santo grial de las finanzas y la clave para que todas las cuentas cuadren. No nos despistemos ahora.

Pongamos que tenemos una empresa con los siguientes balances de apertura y cierre del ejercicio:

	Apertura	Cierre	Diferencia	
Caja	25.000 €	20.000 €	-5.000 €	Este es el flujo de caja de nuestro periodo.
Cuentas por cobrar	10.000 €	15.000 €	5.000 €	
Inventarios	5.000 €	6.000 €	1.000 €	
Activos corrientes	**40.000 €**	**41.000 €**	**1.000 €**	
Activos inmobiliarios	100.000 €	120.000 €	20.000 €	
Activos mobiliarios	6.000 €	4.000 €	-2.000 €	
Activos intangibles	10.000 €	10.000 €	- €	
Depreciación y amortización acumulada	-20.000 €	-25.000 €	-5.000 €	
Activos fijos	**96.000 €**	**109.000 €**	**13.000 €**	
Total activos	**136.000 €**	**150.000 €**	**14.000 €**	
Cuentas por pagar	7.000 €	5.000 €	-2.000 €	
Deuda a corto plazo	10.000 €	15.000 €	5.000 €	
Impuestos por pagar	3.000 €	5.000 €	2.000 €	
Pasivos corrientes	**20.000 €**	**25.000 €**	**5.000 €**	
Deuda a largo plazo	80.000 €	75.000 €	-5.000 €	
Pasivos fijos	**80.000 €**	**75.000 €**	**-5.000 €**	
Capital social	15.000 €	28.000 €	13.000 €	
Ganancias y pérdidas acumuladas	21.000 €	22.000 €	1.000 €	
Resultados acumulados	28.000 €	30.000 €	2.000 €	Este será el beneficio neto del ejercicio en nuestra PyG.
Dividendos	-7.000 €	-8.000 €	-1.000 €	
Fondos propios	**36.000 €**	**50.000 €**	**14.000 €**	
Total pasivos	**136.000 €**	**150.000 €**	**14.000 €**	

El balance cumple a la perfección la ecuación contable, y sus activos son iguales a sus pasivos más los fondos propios en todo momento.

Si sacamos la lupa, nos daremos cuenta de dos cosas muy importantes:

1. Lo que ha variado la caja entre el primer balance y el último es el flujo de caja neto de ese periodo. En este caso, es negativo, lo que significa que ha salido más dinero de la caja del que ha entrado: 5.000 euros para ser exactos.
2. Lo que han variado los resultados acumulados es el resultado de ese ejercicio, o, lo que es lo mismo, el beneficio neto, que tan diligentemente nos da nuestra cuenta de resultados.

Además, la ecuación contable nos dice que…

Activos = pasivos + fondos propios

Si la desglosamos, obtendríamos lo siguiente:

Activos corrientes + activos fijos = pasivos + fondos propios

Sigamos desglosando los activos:

Caja + otros activos corrientes + activos fijos = pasivos + fondos propios

De lo que se deduce que…

Caja = pasivos + fondos propios – activos fijos – otros activos corrientes

Si reordenamos la fórmula para tener los fondos propios al principio, nos quedaría así:

Caja = fondos propios + pasivos – activos fijos – otros activos corrientes

Y si ahora desglosamos los fondos propios:

Caja = resultados acumulados + otros fondos propios + pasivos – activos fijos – otros activos corrientes

Y así, como quien no quiere la cosa, ¡ya sabemos cómo calcular nuestro flujo de caja partiendo de nuestro beneficio neto!

Flujo de caja
=
Beneficio neto
+ Otras variaciones de los fondos propios
+ Variaciones de pasivo
– Variaciones de activos fijos
– Variaciones del resto de activos corrientes

Si lo ordenamos para facilitarnos un poco la vida nos quedará...

LA FÓRMULA MAESTRA

Beneficio neto
- Variaciones del resto de activos corrientes
- Variaciones de activos fijos
+ Variaciones de pasivo
+ Otras variaciones de los fondos propios
= Flujo de caja del ejercicio
+ Saldo inicial de caja
= Saldo final de caja

En realidad, lo que estamos haciendo son dos cosas:

1. Por un lado, estamos sumando al beneficio neto todas las transacciones que no están contempladas en la cuenta de resultados, pero que han tenido un efecto en la caja, como por ejemplo los pagos que hayamos hecho para amortizar deuda o las inversiones realizadas.
2. Por otro lado, estamos restando al beneficio neto aquellos conceptos que sí están reflejados en la cuenta de resultados, pero que no tienen un efecto en la caja, como, sin ir más lejos, las depreciaciones y las amortizaciones de nuestros activos fijos, que son un coste teórico que no lleva aparejado ningún pago.

Beneficio neto	**2.000 €**	(De nuesta PyG)
Cuentas por cobrar	−5.000 €	Si tenemos más cuentas por cobrar, significa que hemos reconocido ventas que no nos han pagado; es decir, es negativo para la caja.
Inventarios	−1.000 €	Si tenemos más inventario, hemos pagado cosas que todavía no se han vendido y no están reflejadas en nuestra PyG: es negativo para la caja.
Activos inmobiliarios	−20.000€	Si tenemos más activos fijos, es porque hemos hecho alguna inversión, con lo cual ha salido dinero que no está reflejado en nuestra PyG. Esto es negativo para la caja.
Activos mobiliarios	2.000 €	Al contrario, si tenemos menos activos mobiliarios, es porque hemos vendido algo que no está reflejado en la PyG, así que resulta positivo para la caja.
Activos intangibles	— €	No hay variación: no afecta a la caja.
Depreciación y amortización acumulada	5.000 €	Si tenemos más amortización acumulada en negativo, significa que hemos reconocido un coste en nuestra cuenta de resultados que no hemos tenido que pagar de la caja: es positivo para la caja.
Cuentas por pagar	−2.000 €	Si tenemos menos cuentas por liquidar, hemos pagado a nuestros proveedores, lo cual es negativo para la caja.
Deuda a corto plazo	5.000 €	Si tenemos más deudas a corto plazo, alguien nos ha financiado y eso es positivo para la caja.
Impuestos por pagar	2.000 €	Si le debemos más a Hacienda, significa que, de momento, la AEAT no nos está financiando: es positivo para la caja.
Deuda a largo plazo	−5.000 €	Menos deuda a largo plazo significa que hemos amortizado una parte, que ha salido de nuestra caja. Esto es negativo para la caja.
Capital social	13.000 €	Que nuestro capital social aumente significa que nuestros accionistas han puesto dinero, lo cual es positivo para la caja.
Dividendos	−1.000 €	Si tenemos más dividendos acumulados, significa que hemos repartido beneficios: es negativo para la caja.
Flujo de caja del periodo	**−5.000 €**	
Saldo inicial	25.000 €	
Saldo final	**20.000 €**	

La mayoría de la gente empieza sumándole al beneficio neto la depreciación y la amortización, pero yo —que soy muy de no saltarme ningún paso— prefiero ir línea a línea para no dejarme nada en el tintero.

¡Ojito!, porque la clave está en el signo (las variaciones de activos se restan, mientras que las de pasivos y fondos propios se suman).

Así todo cuadra divinamente con los datos de nuestro balance y ya solo nos quedaría clasificar los flujos de caja, para lo cual solo hay que pensar un poco.

Beneficio neto	**2.000 €**	Flujo de caja operativo.
Cuentas por cobrar	−5.000 €	Las cuentas del circulante, tanto activo como pasivo, representan las operaciones del día a día del negocio y son flujos de caja operativos.
Inventarios	−1.000 €	Flujo de caja operativo.
Activos inmobiliarios	−20.000 €	Los flujos de caja de los activos fijos serán flujos de caja de las inversiones.
Activos mobiliarios	2.000 €	Flujo de caja de inversiones.
Activos intangibles	— €	Flujo de caja de inversiones.
Depreciación y amortización acumulada	5.000 €	La depreciación, como refleja el uso de esos activos en la actividad normal de la empresa, es un flujo de caja operativo.
Cuentas por pagar	−2.000 €	Las cuentas del circulante, tanto activo como pasivo, representan las operaciones del día a día del negocio y son flujos de caja operativos.
Deuda a corto plazo	5.000 €	Las cuentas del circulante, tanto activo como pasivo, representan las operaciones del día a día del negocio y son flujos de caja operativos.
Impuestos por pagar	2.000 €	Flujo de caja operativo.
Deuda a largo plazo	−5.000 €	Flujo de caja de operaciones financieras.
Capital social	13.000 €	Flujo de caja de operaciones financieras.
Dividendos	−1.000 €	Flujo de caja de operaciones financieras, porque es una salida de caja que depende de la estructura del capital de la empresa.
Flujo de caja del periodo	**−5.000 €**	
Saldo inicial	25.000 €	
Saldo final	**20.000 €**	

Si la empresa tuviera inversiones financieras a largo plazo, que no es el caso, las variaciones de estos activos fijos se considerarían flujos de caja de actividades de inversión.

Agrupando todo, nos quedaría el siguiente estado de flujos de efectivo:

Flujo de caja operativo	**6.000 €**
Flujo de caja de inversiones	–18.000€
Flujo de caja libre	**–12.000€**
Flujo de caja de operaciones financieras	7.000 €
Flujo de caja de periodo	**–5.000 €**
Saldo inicial	25.000 €
Saldo final	**20.000 €**

La mayoría de analistas financieros se conformarían con esto, porque es fácil de calcular y da un resultado robusto. Pero, siendo puristas, habíamos dicho que los intereses pagados deberían ser parte del flujo de caja de operaciones de financiación, y no del flujo de caja operativo.

De momento, como están incluidos en el resultado neto de la empresa, los tenemos clasificados como flujo de caja operativo, pero si quisiéramos ser más papistas que el papa, podríamos reclasificarlos, cogiendo el dato de la cuenta de resultados.

Flujo de caja operativo	6.000 €
- Intereses de la cuenta de resultados	500 €
Flujo de caja operativo ajustado	**6.500 €**
Flujo de caja de inversiones	–18.000 €
Flujo de caja libre	**–11.500 €**
Flujo de caja de operaciones financieras	7.000 €
+ Intereses de la cuenta de resultados	–500 €
Flujo de caja de operaciones financieras ajustado	**6.500 €**
Flujo de caja de periodo	**–5.000 €**
Saldo inicial	25.000 €
Saldo final	**20.000 €**

Lo único que hemos hecho es moverlo de sitio sin cambiar los totales. Si hubiera ganancias o pérdidas extraordinarias incluidas en el beneficio neto que provinieran de actividades de inversión o financiación, las reclasificaríamos así también.

EL TRUCO DEL ALMENDRUCO

Para comparar empresas, puede ser más útil separar los intereses del flujo de caja operativo para saber qué parte del *cash-flow* depende de la estructura de capital de la empresa y cuál no.

Pero para saber cuánto dinero vamos a necesitar para financiar nuestro flujo de caja libre, es mejor no separar los intereses, puesto que tenemos que pagarlos inevitablemente.

Para no tener problemas de tesorería, aparte de controlar el fondo de maniobra, conviene hacer una proyección del flujo de caja a doce meses. Para hacerlo bien, deberías hacer una previsión de la cuenta de resultados y del balance mes a mes, y calcular el *cash-flow* a partir de ahí como acabamos de aprender.

Así podremos ver si en algún momento del año entramos en territorio negativo (el saldo final de ese mes da negativo), lo que significaría que vamos a necesitar financiación adicional para capear el bache y pensar de dónde la vamos a sacar.

VERDADES INCÓMODAS

Aunque el flujo de caja del ejercicio sea positivo en total, podemos tener valles de tesorería a lo largo del año que habrá que cubrir de alguna manera. Cuanto antes los identifiquemos, mejor.

«SOS, NECESITO PASTA»

En algún momento de nuestra vida de emprendedores, lo normal es que vayamos a necesitar dinero y, quizá no podamos o no queramos ponerlo de nuestro bolsillo por la razón que sea.

Llegado este punto, solemos darnos de bruces con un fenómeno que está muy bien reflejado en una cita del poeta estadounidense Robert Frost:

> *Un banco es un sitio donde te prestan un paraguas cuando hace bueno y te lo piden de vuelta cuando se pone a llover.*

No le faltaba razón al bueno de Frost, porque el mayor oxímoron al que nos enfrentamos los autónomos y pequeños empresarios es que el banco estará encantado de prestarnos dinero cuando las cosas vayan bien, pero nos pondrá un sinfín de pegas cuando las cosas vayan regular, que es precisamente cuando más lo necesitamos.

VERDADES INCÓMODAS

Al final, al banco lo que le importa no es que tú necesites el dinero, sino el riesgo que tiene de no recuperarlo.

Por eso, a los negocios que no tienen historial para convencer al banco de que van a poder devolver un préstamo religiosamente les cuesta la vida conseguir financiación bancaria sin poner garantías o avales personales. Es decir, sin dar algo en prenda al banco para que sepa que, aunque el negocio se vaya al garete, él va a recuperar su dinero.

¿QUÉ VA A MIRAR EL BANCO PARA DECIDIR SI TE DA UN PRÉSTAMO O NO?

1. Lo primero primerísimo que va a comprobar es que no estés en ninguna **lista de morosos,** así que antes de pedir un préstamo asegúrate de que no apareces (ni tú ni tu empresa, si tienes una S. L.) en ningún fichero de morosos como los de la Asociación Nacional de Establecimientos Financieros de Crédito (ASNEF) o de Registro de Aceptaciones Impagadas (RAI).
2. Luego mirarán cuál es tu **nivel de endeudamiento** previo. Esto incluye, en el caso de los autónomos, también los préstamos personales, la hipoteca sobre tu casa, el préstamo del coche, etcétera. Si ya tienes muchas deudas personales, es difícil que te vayan a conceder un préstamo para tu negocio. Piensa que el banco nunca querrá que las cuotas de todos tus préstamos (incluyendo el que estés solicitando) superen el 40 % de tus ingresos netos.
3. **La viabilidad del proyecto y las características de la operación.** Es decir, cuánto estás pidiendo, en qué plazo lo vas a devolver, etcétera. Para demostrar que tu proyecto es viable, un buen plan financiero para la duración del préstamo —con su balance, su cuenta de resultados y su estado de flujos de efectivo, incluyendo la devolución del préstamo y el pago de los intereses— va a ser tu mejor aliado.
4. Siempre es más fácil que te concedan un préstamo si ya eres cliente del banco y tienes algún tipo de **vinculación con la entidad** mediante otros productos financieros. Si no tienes ningún tipo de vinculación previa, es posible que te exijan la contratación de algún producto adicional o que te vincules de alguna manera.
5. Si la entidad bancaria todavía no lo ve claro, te pedirá algún **aval o garantía personal** para asegurarse de que va a recuperar su dinero.

6. Por supuesto, también te va a pedir tus **declaraciones de la renta** y del **impuesto de sociedades,** si procede, la comprobación de que estás dado de alta como autónomo en la **Seguridad Social** y de que estás al día con todos tus pagos y obligaciones, etcétera.

EL TRUCO DEL ALMENDRUCO

No desesperes: si el banco te lo pone muy negro, puedes acudir a instituciones como el Instituto de Crédito Oficial (ICO) o de la Empresa Nacional de Innovacion, S. A. (ENISA) que ofrece avales y financiación con condiciones mucho menos exigentes.

En cualquier caso, tu mejor aliado para embaucar a propios y ajenos es tener un plan financiero como mandan los cánones, para que vean que lo tienes todo controlado.

Si, en lugar de un préstamo, lo que estamos pensando es en meter otro inversor, asociarnos con alguien o, incluso, vender parte o toda la empresa, volveremos a toparnos con la pregunta del millón…

AHORA SÍ QUE SÍ: ¿CUÁNTO VALE TU NEGOCIO?

Como dijimos, el valor contable de tu negocio puede no tener nada que ver con lo que valga tu empresa por varias razones. Entre otras:

- Como muchos activos fijos están registrados en el balance por su coste histórico, su valor de mercado puede haber cambiado para bien o para mal, y puede haber ganancias o pérdidas latentes en tu balance. Imagina, por ejemplo, que tienes una oficina en el centro de Madrid que compraste hace años y que ahora vale mucho más.

- Hay muchos activos intangibles de la empresa que no están registrados en el balance, como lo que vale la marca, la fidelidad de los clientes o lo que vale el equipo humano.
- Pero, sobre todo, cuando alguien invierte en tu negocio lo que realmente le interesa no es lo que valga tu negocio hoy, sino lo que puede llegar a valer en el futuro, que es donde está su ganancia. En esencia, las empresas existen para crear valor y ganar dinero para sus accionistas, por lo que, reducido al absurdo, lo que valga tu empresa hoy es la suma de todo el dinero que va a generar en el futuro.

Lo que pasa es que no es lo mismo pájaro en mano que ciento volando, y el dinero futuro tiene menos valor que el dinero actual. Primero, porque va a perder valor por la inflación y, segundo, porque cuanto más lejano esté ese dinero, más riesgo hay de que nunca llegue a materializarse.

Por eso, uno de los métodos de valoración de empresas más utilizado es el denominado *método de flujo de caja descontado (discounted cash-flow* o DCF, para nuestros amigos anglosajones).

DCF, LA BOLA DE CRISTAL DE TODO FINANCIERO QUE SE PRECIE

Lo que hace este método es proyectar los flujos de caja futuros de la empresa y calcular el valor actual de cada uno de ellos.

GRANDES PALABROS DE LA HISTORIA FINANCIERA

El **valor actual de un dinero** (o flujo de caja) **futuro** es el que tendría esa cantidad si nos la dieran hoy.

Esta definición se parece sospechosamente a los «tres tristes tigres», pero tiene más sentido de lo que parece.

Imagina que te voy a dar 10.000 euros dentro de 10 años. Y que luego te ofrezco 9.000 euros hoy, en lugar de los 10.000 dentro de 10 años.

Sin saber nada de finanzas, la mayoría cogeríamos los 9.000 euros porque intuimos que el valor actual de los 10.000 euros dentro de 10 años es menor que esos 9.000 euros.

Podríamos, por ejemplo, asumir que dentro de 10 años esos 10.000 van a poder comprar menos cosas debido a la **inflación.** Si pensamos que la inflación va a estar alrededor de un 2 % anual, lo que podrán comprar esos 10.000 euros dentro de 10 años sería el equivalente a lo que pueden comprar 8.203 euros hoy. Efectivamente, habrías hecho bien en coger los 9.000 euros.

Año 10	10.000 €
Año 9	9.804 €
Año 8	9.612 €
Año 7	9.423 €
Año 6	9.238 €
Año 5	9.057 €
Año 4	8.880 €
Año 3	8.706 €
Año 2	8.535 €
Año 1	8.368 €
Año 0	8.203 €

Lo que vamos descontando cada año se calcula dividiendo la cantidad del año siguiente (recuerda que estamos yendo hacia atrás) por (1 + inflación). Es decir, dividiendo entre (1 + 0,02), porque la inflación funciona como un interés negativo.

Si en lugar de 9.000 euros te hubiera ofrecido 5.000 euros, la decisión, incluso sin hacer números, ya no estaría tan clara.

Para valorar una empresa utilizando este método, lo que necesitamos saber o estimar son tres variables:

1. **Los flujos de caja libre** que la empresa prevé tener en los próximos años. Ahora ya sabemos qué son y cómo se calculan (ver pág. 224), así que esta parte es fácil.
2. **La tasa de descuento.** En el ejemplo anterior he utilizado la inflación para calcular el valor actual del dinero, pero, claro, si vas a invertir en un negocio —con el riesgo enorme que supone—, no vas a pedir solo que te cubra la inflación, sino que querrás más rentabilidad.
   Un pequeño negocio es una inversión de alto riesgo porque no está diversificada y porque muchísimas empresas, sobre todo de nueva creación, no sobreviven a sus primeros años. Por eso, a este tipo de inversiones les pedimos más rentabilidad que a otras más seguras.
   La tasa de descuento dependerá de cada inversor y del coste de capital de la empresa, pero, como mínimo, tenemos que pedirle que supere la rentabilidad de otras inversiones mucho más líquidas y con menos riesgo que tenemos al alcance de la mano.
   Para que te hagas una idea, estas podrían ser unas tasas de descuento adecuadas:

   - Para **empresas muy asentadas,** con ingresos predecibles y bajo riesgo, entre un 8 % y un 10 %.
   - Para **empresas con más variabilidad** en los ingresos y **menos recorrido,** entre un 10 % y un 12 %.
   - Para **empresas de alto riesgo,** como una *start-up* tecnológica, entre un 15 % y un 20 %.

EL TRUCO DEL ALMENDRUCO

La tasa de descuento tiene que ser suficiente para compensar el riesgo de la inversión.

3. **El valor de la empresa al final del periodo proyectado.** Y ahora viene el momento «¿Me estás tomando el pelo?» de esta película, porque, no os lo perdáis, para calcular el valor de tu empresa hoy necesitas saber el valor de tu empresa en el futuro. Como lo lees. Si ya era difícil saber el valor de la empresa hoy, ahora voy yo y te pido que calcules cuál será en el futuro...
   Una cosa que se puede hacer para superar este para nada pequeño escollo es suponer que la empresa va a seguir funcionando por siempre jamás y descontar los flujos de caja hasta la eternidad... Ahí es nada.

Te cuento esto porque, aunque es verdad que los analistas financieros nos hartamos a hacer cálculos de este tipo y que es un método de valoración que se utiliza mucho en el mundillo financiero, realmente implica una dosis nada desdeñable de chuparse el dedo, sobre todo si no tenemos mucho callo, y, encima, no es precisamente un cálculo sencillo para los no iniciados.

Por eso, algún iluminado del santoral financiero se inventó un método muchísimo más sencillo —y, sobre todo, rapidísimo— para valorar empresas sin tener que hacer tanta penitencia.

MÚLTIPLOS DE EBITDA O CÓMO CHUPARSE EL DEDO CON CRITERIO

Otro método muy popular en los corrillos de analistas para valorar una empresa es ver qué se está pagando en el mercado por compañías similares, los famosos **comparables.** Lo que viene siendo un «dime lo que le han pagado a tu vecino y te diré lo que te van a pagar a ti».

El problema es que no siempre tenemos esa información o bien porque no es pública o porque en ese sector no hay muchas compraventas de esas características para comparar.

Por eso, en un momento de inspiración extrema, alguien se sacó de la manga una combinación de los dos métodos que hemos comentado, el de flujos de caja descontados y el de los comparables, que no puede ser más resultona.

Si haces memoria, recordarás que el EBITDA se puede utilizar como un sustituto *aguachirri* del flujo de caja libre, como si fuera un doble que hace las escenas peligrosas en una película.

Pues bien, incorporando ahora el concepto de los *comparables,* lo que se suele hacer es valorar una empresa con múltiplos de su EBITDA, de manera que, si a un competidor le han pagado cinco veces su EBITDA, tú podrías pensar que un valor razonable para tu negocio podría ser ese mismo.

LA FÓRMULA MAESTRA

Valor de una empresa = EBITDA × múltiplo de EBITDA

Lo maravilloso de esto es que te permite calcular el valor de tu empresa en cualquier momento pasado, presente y futuro, con tal de que hayas calculado o puedas calcular el EBITDA.

De puro fácil parece una broma, pero no lo es. No te puedes ni imaginar cuántas operaciones millonarias se cierran utilizando este método de valoración.

El quid de la cuestión está en encontrar el múltiplo del EBITDA que tiene sentido para tu empresa.

Lo ideal es que el múltiplo lo marque el mercado, es decir, lo mejor es utilizar el mismo múltiplo que alguna empresa similar a la tuya que se haya vendido o haya «levantado» dinero recientemente. Pero en el caso de algunos mercados puede ser difícil encontrar estos datos.

Para hacernos una idea, en bolsa las empresas suelen cotizar con un múltiplo que oscila entre diez y quince, dependiendo de la industria y del tipo de empresa; pero, claro, invertir en un negocio cotizado tiene mucho menos riesgo que invertir en una pyme, por lo que, normalmente, las empresas no cotizadas se venden por múltiplos inferiores a diez.

En cualquier caso, tampoco hay que volverse loco, porque la inmensa mayoría de las operaciones en mercados privados se cierran con múltiplos entre cuatro y seis.

En el caso de una *start-up* con mucho potencial de crecimiento, se suelen utilizar múltiplos algo superiores: entre siete y diez.

EL TRUCO DEL ALMENDRUCO

Un punto de partida para valorar tu empresa —si se trata de un negocio saneado del montón, sin un potencial de crecimiento estratosférico— puede ser un múltiplo de cuatro o cinco veces tu EBITDA.

No es un método muy sofisticado y tiene sus limitaciones, pero simplifica tanto los cálculos que se usa muchísimo. No nos compliquemos la vida más de lo necesario.

También tenemos que tener en cuenta que, en negocios con una trayectoria relativamente larga, un inversor o prestamista se fijará mucho en los números de la empresa, pero, si se trata de una empresa de reciente creación, cuyos números son poco más que un brindis al sol, se fijarán también en otros factores más cualitativos que cuantitativos, como la calidad del equipo humano, la trayectoria del equipo fundador, lo innovador del proyecto, etcétera.

De hecho, cuando inviertes en una *start-up* muy al principio (en lo que se llama *early stage*), estos factores cualitativos juegan un papel más importante en la decisión que los números.

MÚLTIPLOS DE VENTAS, EL ÚLTIMO REFUGIO DEL *STARTUPERO*

Otro problemita espinoso al que se pueden enfrentar los negocios muy incipientes cuando quieren valorar su empresa es que es bastante normal que el EBITDA todavía sea negativo.

En este caso, lo que se utilizaría serían múltiplos de ventas, ya que las ventas, por pocas que sean, siempre serán positivas.

La idea y la filosofía son las mismas que con los múltiplos de EBITDA, pero ahora utilizaremos múltiplos más comedidos para calcular el valor de nuestra empresa.

Todo lo que he comentado hasta este momento se aplica muy bien cuando hablamos de una S. L., pero ¿qué pasa con los autónomos del montón?

¿SE PUEDE VENDER UN AUTÓNOMO?

Para todo aquel autónomo que haya optado por la forma jurídica de persona física, la empresa no se puede vender como tal, porque la empresa es directamente él mismo, y, por suerte o por desgracia, la trata de humanos no está permitida.

Pero eso no quiere decir que no pueda vender partes de su negocio. Lo que pasa es que el proceso y la forma de ponerle precio será un poco distinta.

Un autónomo puede vender sus activos, tanto tangibles como intangibles. Para ello, lo que tendrá que hacer es firmar un contrato de compraventa con el comprador, especificando exactamente qué activos está vendiendo o traspasando y a qué precio.

Si es nuestro caso, podemos, por ejemplo, traspasar un local, o vender la clientela que ya tenemos, por un precio determinado. También podríamos vender otros activos, como maquinaria, inventario, etcétera, u otros valores intangibles de nuestro negocio, como la marca, ya sea juntos o por separado.

*** QUE NO SE TE OLVIDE**

Como siempre, una buena asesoría legal será la que mejor te ayude a redactar un contrato sin fisuras.

Que redoblen los tambores, porque ¡ya hemos hecho todos los números relevantes de nuestro negocio!

PARA NOTA

Antes de despedirnos, asegúrate de haber entendido bien estos conceptos:

- El flujo de caja nos dice las entradas y salidas de dinero contante y sonante que ha habido en nuestro negocio.
- El *cash-flow* se clasifica dependiendo de si se trata de flujos de caja operativos, flujos de caja de inversiones o flujos de caja de operaciones financieras.
- El flujo de caja que mejor nos permite valorar las necesidades de dinero de nuestro negocio es el flujo de caja libre.
- El *cash-flow* se puede calcular o bien clasificando directamente todas las transacciones de las cuentas de efectivo del balance, o bien reconstruyéndolo a partir de la cuenta de PyG con la ayuda del balance. Este método es más complicado, pero es el más utilizado, ya que nos permite entender bien todo lo que ha pasado en el negocio y asegurarnos de que las cuentas cuadran en todo momento.
- Por desgracia, si los números no salen o si la empresa es muy nueva, puede ser muy difícil conseguir financiación de un banco sin aportar garantías o avales personales. En cualquier caso, tener un buen plan financiero será clave para que una entidad bancaria o posibles inversores miren los números con más cariño.
- Hay instituciones, como el ICO o ENISA, que ayudan a conseguir financiación con condiciones menos estrictas y pueden incluso aportar las garantías necesarias para que un banco te conceda un préstamo. Merece la pena investigarlo.
- El método más fácil y versátil para valorar una empresa es utilizando múltiplos de EBITDA. No es perfecto, pero es más que suficiente para hacernos una idea de lo que puede valer nuestra empresa.

EPÍLOGO
ZAPATERO A TUS ZAPATOS

Como ves, aunque de primeras las finanzas parecen muy complicadas, no te ha hecho falta nada más que sumar, restar, multiplicar y dividir para hacer todos los números de tu empresa.

Además, lo que pretendo con este libro no es convertirte en un contable ni en un analista financiero, sino proporcionarte las herramientas necesarias para que sepas leer los números de tu negocio.

Al final, las cuentas de tu empresa cuentan su historia, y es fundamental que, como emprendedor, las conozcas al dedillo. Realmente, lo importante de los números no es saber hacerlos, sino saber interpretarlos.

Si he hecho bien mi trabajo, te habrás dado cuenta de dos cosas:

- Que los números cuentan mucho más de lo que dicen.
- Que eres perfectamente capaz de lidiar con ellos, por muy de letras puras que fueras en el instituto.

Quizá haya cosas que todavía no hayas entendido del todo bien y otras que se te han olvidado nada más leerlas. No pasa nada. Lo que importa es que sepas que la información está ahí, a tu alcance, que con un poco de tiempo y de paciencia vas a conseguir descifrarla y, sobre todo, que tomar las decisiones con el respaldo de los números te puede ayudar a detectar y a corregir los problemas a tiempo.

Y, cómo no, los números también te van a ayudar a identificar las oportunidades, para poder aprovecharlas mejor y no perder tiempo y dinero en cosas que no te llevan a ninguna parte.

Por último, dos consejos de propina:

- Sácate el certificado digital cuanto antes. Ya me lo agradecerás después.
- No ahorres en gestoría y asesoría. En las cosas del dinero, lo barato siempre sale caro.

Dicho esto, mucho ánimo y ¡al toro! El camino del autónomo nunca es fácil, pero puede compensar con creces.

Como bien dijo Unamuno:

> *El modo de dar una vez en el clavo es dar cien veces en la herradura.*

¡A por ello!

AGRADECIMIENTOS
IT TAKES A VILLAGE

Bien es sabido que, para casi todo en esta vida, hace falta un pueblo o, como poco, un corrillo de gente que te sujete la botella y te jalee mientras te arrastras los últimos metros tortuosos hasta la línea de llegada con la lengua fuera.

No soy una persona de hacer sociedad y no podría, aunque quisiera, quejarme de un WhatsApp inmanejable de esos con mil bolitas azules. Me escribo con poca gente, me llamo con todavía menos y, como buena mujer de costumbres, lo que me gusta es estar con los de siempre, haciendo lo de siempre: reírnos, a ser posible, de nosotros mismos.

Y, como siempre, si este libro está hoy entre tus manos, es gracias a unos sospechosos muy habituales. Mi familia, por supuesto, y ese puñado de amigos que te aguantan siempre; sobre todo cuando menos te lo mereces.

Estos sospechosos son mi padre, que con su ausencia está más presente que nunca; mi madre, que disfruta de mis modestos logros como si hubiera coronado el Himalaya a la pata coja; mi marido, que por alguna razón que se me escapa, me sigue encontrando entrañable pese a mis desvaríos y mi incapacidad manifiesta para lidiar con la vida cotidiana; mis hijas, que conviven con mis múltiples taras con un gracejo envidiable; y también esos amigos que siempre se alegran de que, una vez más, haya salido, más o menos indemne, de mi última ida de olla.

Entre estos amigos —para sorpresa de Twitter (X) y ajenos—, mención especialísma para Marián, que con su energía infinita es capaz de leerse estos tronchos que le interesan lo justito para decirme con poca mano izquierda cuándo van a desfallecer los lectores. Mención de honor también para su nunca bien ponderado Javi, un ángel de la guarda que siempre está ahí para sacar billetes, bajar montañas, poner copas o corregirte los libros con un tino que ya quisieran muchos titanes de la industria editorial. A falta de pagaros la hipoteca, un millón de gracias.

Qué decir de Laura, editora de santísima paciencia y dulzura infinita, y de Ángeles, siempre dispuesta a apoyar mis libros contra viento y modas editoriales. Por no mentar a Cristina Mitre, que ha llevado mis libros más lejos de lo que hubieran llegado nunca sin su ayuda. Se me queda corto, pero mil gracias.

Ya que hablamos de emprendimiento, gracias también a Andrés, Mar y Bea por dejar de lado el buen juicio para meterse en estos berenjenales conmigo. Lo que ha unido una S. L., que no lo separe el hombre.

Y, sobre todo, mil gracias a todos los que me leéis en el formato que sea. Si no, pa qué.